# Grundherrschaft und Rittergut.

# Grundherrschaft

und

# Rittergut.

Vorträge,

nebst biographischen Beilagen.

Von

**Georg Friedrich Knapp.**

Leipzig,

Verlag von Duncker & Humblot.

1897.

# Landarbeiter und innere Kolonisation.

Vortrag,

gehalten in Berlin am 20. März 1893 in der Generalversammlung des Vereins für Socialpolitik.

Auf der Tagesordnung für die Generalversammlung des Vereins für Socialpolitik stehen folgende Gegenstände:

1. Die ländliche Arbeiterfrage und die deutschen Binnenwanderungen; und
2. Die Bodenbesitzverteilung und die Sicherung der Kleingrundbesitzer.

Mir ist die ehrenvolle Aufgabe zu Teil geworden, unsere Verhandlungen durch einen Vortrag einzuleiten; offenbar ist es geschehen, weil die aufgeworfenen Fragen für mich das höchste Interesse darbieten, denn ich habe viel Mühe darauf verwendet, die Entstehung der heutigen Zustände aufzuklären. Daß ich aber ein hervorragender Kenner der Gegenwart wäre, kann ich angesichts der neueren Untersuchungen nicht mehr behaupten. Durch die erfolgreiche Bemühung unseres Vorsitzenden, Herrn Professor Dr. Schmoller, sowie durch die unermüdliche Beihülfe des vortragenden Rates des landwirtschaftlichen Ministeriums, Herrn Geheimrat Dr. Thiel, endlich durch die sachkundigen Vorbereitungen des Herrn Professor Dr. Sering ist es, wie Sie wissen, gelungen, eine Reihe von Drucksachen herzustellen, durch welche vollkommen neue Grundlagen für unsere Verhandlungen gewonnen sind. Keine Versammlung unseres Vereins war jemals so gut vorbereitet, ja es dürfte überhaupt nicht oft dagewesen sein, daß irgend eine Verhandlung über öffentliche Angelegenheiten einen solchen wissenschaftlichen Unterbau erhalten hätte, wie er uns heute zur Verfügung steht. Die Drucksachen umfassen vier Bände, die in der Reihe unserer Schriften die Nummern 53, 54, 55 und 56 tragen, Bände, von denen der dünnste über 300 Seiten, der dickste fast 900 Seiten zählt.

Von diesen vier Bänden beschäftigen sich drei mit den Verhältnissen der Landarbeiter in Deutschland. Alles, was darin steht, gründet sich auf freiwillig beantwortete Fragebogen, die zu Tausenden ausgesendet worden sind. Zahllose hervorragende Landwirte haben sich in allen Gegenden unseres Vaterlandes bereit gefunden, in mühsamer Arbeit die an sie gerichteten Fragen zu beantworten. Unser Verein schuldet allen diesen Männern den wärmsten Dank, und es thut uns leid, daß wir hier die vielen Namen nicht einzeln nennen können. Das so entstandene Material ist hier in Berlin zunächst geordnet und dann zu lesbaren Übersichten verarbeitet worden.

Die Arbeiterverhältnisse in Nordwestdeutschland hat Herr Dr. Karl Kaerger zusammengefaßt, ein hervorragender Beobachter, dem wir, wie bekannt, auch die Aufklärung der sogen. Sachsengängerei verdanken.

Württemberg, Baden und das Reichsland Elsaß-Lothringen sind von Herrn Dr. H. Losch dargestellt.

Hohenzollern, Regierungsbezirk Wiesbaden, Thüringen, Bayern, Regierungsbezirk Kassel, Großherzogtum Hessen, Königreich Sachsen waren den Händen des Herrn Dr. Kuno Frankenstein anvertraut.

Schleswig-Holstein, die Provinz Sachsen, Braunschweig und Anhalt sind durch Herrn Friedrich Großmann bewältigt worden.

Die Rheinprovinz nebst Birkenfeld hat Herr Otto Auhagen zur Anschauung gebracht.

Eine sorgfältige statistische Ergänzung für ganz Deutschland verdanken wir dem Fleiße des Herrn Dr. H. Grohmann.

Endlich ist über die Arbeiterverhältnisse im Osten der Elbe eine Monographie durch Herrn Dr. Max Weber zu stande gekommen, die alle Leser durch Reichtum der Gedanken und Tiefsinn der Auffassung überrascht hat. Dies Werk vor allem hat die Empfindung geweckt, daß es mit unsrer Kennerschaft vorbei ist, daß wir von vorn zu lernen anfangen müssen.

Die bisher besprochenen drei Bände (53, 54 und 55) beruhen alle auf jener Umfrage des Vereins bei praktischen Landwirten.

Der vierte Band (der 56. in der Reihe) behandelt die neuere Kolonisation im östlichen Deutschland und beruht naturgemäß auf anderen Quellen. Der Verfasser, Herr Professor Dr. Sering, berichtet darin auf Grundlage der Gesetze und der Litteratur, sowie nach eigener reicher Anschauung. Auch hier wie bei seinen Studien über die nordamerikanische Konkurrenz, haben wir das wohlthuende Gefühl, einen vorzüglichen Fachmann erzählen zu hören, dem es noch dazu gelungen ist, durch übersichtliche Einteilung des Stoffs und durch Einfachheit und Lebendigkeit der Sprache den Gegenstand so zu behandeln, daß man ihn nicht nur mit Nutzen, sondern auch mit Vergnügen liest: wie überall ist das auch hier nur dadurch erreicht, daß der Stoff geistig vollkommen beherrscht ist.

Mit begreiflicher Schüchternheit versuche ich nun, von den Ergebnissen fremden Fleißes Rechenschaft zu geben. Ich beschränke mich auf das, was den Norden Deutschlands betrifft; denn gerade weil uns dies die Hauptsache schien, haben wir die Versammlung nach Berlin einberufen. Aber selbst wenn diese räumliche Abgrenzung zugestanden wird, muß ich noch Unzähliges zurückdrängen, was andere und was insbesondere die Herren Verfasser der Vorarbeiten für höchst wichtig halten werden. Mögen sie mir meine Oberflächlichkeit verzeihen! Ich will weiter nichts als einen flüchtigen Gesamteindruck wiedergeben, so wie ich ihn gehabt habe; greife ich fehl, so möge man mich berichtigen.

So wie Cäsar sein Werk mit den Worten beginnt: Gallia est omnis divisa in partes tres, dürfen wir vom deutschen Norden sagen: er zerfällt in drei Teile. Der erste reicht von der holländischen Grenze bis zur Weser und heißt Westfalen;

der zweite, zwischen Weser und Elbe, heißt Niedersachsen; der dritte, östlich der Elbe, weitaus der größte Teil, soll das ostelbische Land heißen.

In jedem dieser drei Teile ist eine andere Verfassung der Landarbeiter zu Hause, oder vielmehr vorwiegend zu Hause. Nicht entfernt soll hier behauptet werden, daß jeder Teil nur je eine Arbeitsverfassung kenne; ganz und gar nicht! Aber so viel läßt sich zweifellos verteidigen, daß in jedem der drei Teile eine besondere Verfassung die häufigste, in Anbetracht der übrigen da herrschenden Verhältnisse die angemessenste ist. —

Wir beginnen nun mit Westfalen; der dortige Landarbeiter heißt Heuerling.

Was sind Heuerlinge oder Heuerleute? Das Wort kommt ohne Zweifel von heuern in der Bedeutung mieten oder pachten her, und in der That finden wir (Bd. 53, S. 3) folgenden Begriff: Heuerleute sind ländliche Arbeiterfamilien, die von dem Arbeitgeber ein Stück Land (und das kleine Haus darauf) pachten und dafür verpflichtet sind, eine bestimmte Anzahl von Tagen ihre Arbeitskraft um einen billigeren Lohn, als dort sonst gebräuchlich ist, zur Verfügung zu stellen. Mithin führt der Heuerling — auf dem gepachteten Land — eine kleine Wirtschaft auf eigene Rechnung, und daneben arbeitet er für den Verpächter, der sein Arbeitgeber ist. Die Wirtschaft des Heuerlings ist so klein, daß er kein Gespann halten kann; ist Spannarbeit nötig, so wird dieselbe vom Arbeitgeber besorgt, eine Gegenleistung, die sozusagen mit zum Lohn gehört; wie denn überhaupt hier die Arbeit des Heuerlings nicht durch Geldlohn allein, sondern durch einen Komplex von Leistungen des Arbeitgebers — Landnutzung, Geld, Spanndienste und zuweilen Kost — vergolten wird.

Die Verfassung (vgl. Bd. 53, S. 219) ist die denkbar günstigste. „Hier haben die Arbeitgeber stets genug Arbeitskräfte zur Verfügung, um alle landwirtschaftlichen Arbeiten in ordnungsmäßiger Weise zu erledigen, und hier befinden sich die Arbeiter sowohl materiell in sehr guter Lage . . . als auch ideell in einer durchaus zufriedenen Stimmung." In den meisten Fällen können die Heuerleute beträchtliche Ersparnisse zurücklegen. Hier vor allem trifft es zu, was Kaerger behauptet: es geht dem ländlichen Arbeiter so gut, daß es nicht Inhalt der ländlichen Arbeiterfrage sein kann, durch welche Mittel die wirtschaftliche Lage dieser Leute gehoben werden kann (a. a. O. S. 216—217). Sie selbst betrachten ihren Zustand nicht als einen fragwürdigen — warum also mischen wir uns hinein? Der Mann, dem geholfen werden kann, ist in Westfalen nicht zu suchen.

Und so hätten wir denn gleich am Anfang mit unerhörtem Finderglück die Form der Arbeitsverfassung aufgestöbert, die wir suchen.

Dort giebt es auf dem Lande keine Socialdemokratie (S. 29); dort sitzen viele Familien schon hundert Jahre und länger auf demselben Hofe als Heuerleute; keiner von beiden Teilen denkt an Kündigung; das Heuerland, obgleich nur gepachtet, wird „gewissermaßen als Eigentum angesehen" (S. 112); obgleich die Heuer, wie jede Pacht, nur auf eine gewisse Zeit dauert, sagt kein Berichterstatter aus Osnabrück, wie lang diese Zeit sei, denn es gilt als selbstverständlich, daß die Verträge stets erneuert werden und vom Vater auf den Sohn und Enkel übergehen (S. 67). Der Heuerling treibt noch dazu in freien Stunden Hausweberei als Nebenbeschäftigung — er ist also nicht überbürdet (S. 109), und in den Monaten, in denen er nichts zu thun hat, geht er um Geld zu verdienen, nach Holland. Er ist zufrieden, wenn er seine zwei Kühe hat (S. 178); sein Arbeitgeber ackert ihm gelegentlich das Feld umsonst (S. 168), sodaß er kein Zugvieh braucht, und für das Nutzvieh steht ihm meistens die Gemeinweide zur Verfügung (S. 171). Solche Heuerlinge stehen sich besser als kleine Grundeigentümer, und wenn man sie vor die Wahl stellt, so wollen sie lieber Pächter bleiben. Das beste daran ist aber, daß auch die Arbeitgeber diese Verfassung höchst vorteilhaft finden und zu derselben zurückkehren, wenn sie einmal den unvorsichtigen Versuch gemacht haben, etwas anderes einzuführen (S. 38).

Kurz und gut, wenn wir Schwärmer wären, hätten wir nichts eiligeres zu thun, als zu beschließen: die Heuerlingsverfassung ist die beste; sie muß von Westfalen aus in den deutschen Osten übertragen werden.

Aber gehen wir mit Bedacht voran. Schon die geographische Verbreitung des Heuerlings fällt uns auf: er wird häufiger, je weiter wir von der Nordsee durch Oldenburg hindurch nach Süden gehen, und er hört auf, sobald wir das Mittelgebirge erreichen. Gerade dort und nur dort finden wir ihn, wo auch, nach Meitzen, der westfälische Einzelhof des Bauern vorherrscht. Fragen wir, wer denn der Arbeitgeber des Heuerlings ist, so ist es eben der westfälische Hofbauer. Dieser Großbauer, der zerstreut über die Gemarkung hin angesiedelt ist „ut fons ut nemus placuit“, hat von seinen Außenschlägen einen Teil als Heuerland abgesondert und einige Katen darauf gebaut; der Heuerling wohnt nicht im Dorf, er wohnt auf dem einzelstehenden Hof des Bauern. Die Heuerlingsverfassung ist die Arbeitsverfassung des Einzelhofs. Sie hört auf, wie mir der genaueste Kenner der ländlichen Verfassung Niedersachsens, Dr. Wittich, versichert, sobald wir die östliche Grenze Westfalens überschreiten und nach Niedersachsen kommen.

Freilich mit einer Ausnahme! Nach Kaerger finden wir auch in Lüneburg, also an der Ostseite Niedersachsens, wieder Heuerlinge; nun ist aber — nach Wittich — gerade diese Gegend stellenweise auf westfälische Art besiedelt — und die Ausnahme ist also nur scheinbar: überall hängt der Heuerling am bäuerlichen Einzelhof[1]).

[1]) In dem kenntnisreichen, aber etwas undurchsichtigen Werk von C. Stüve, Wesen und Verfassung der Landgemeinden in Niedersachsen und Westfalen, Jena 1851, S. 72 liest man bereits über Osnabrück:

„Das Eigentümliche dieser Zustände dürfte in der Gewohnheit der Bauern, Heuerhäuser auf entlegenen Grundstücken zu errichten und diese mit einem für einen kleinen Haushalt zureichenden Ackerbestande zu verpachten, seinen Grund haben, was dann wieder mit der Gewohnheit, nicht in geschlossenen Dörfern zu leben, zusammenhängt. Die Vorteile, welche diese Einrichtung für den minder Bemittelten mit sich bringt, haben es bewirkt,

Mithin ist der Heuerling ein Bestandteil der ländlichen Verfassung Westfalens; der Heuerling hat zum Arbeitgeber einen großen Bauern, nicht einen Rittergutsbesitzer; und die westfälische Siedelungsweise ist die Voraussetzung seines Vorkommens.

Daraus erklärt sich auch die auffallende Gemütsruhe dieser Arbeiterklasse; denn dieser Mann arbeitet, wenn er auf dem Hof des Bauern erscheint, Schulter an Schulter mit dem Arbeitgeber und setzt sich sogar an solchen Tagen mit dem Hofbauer an denselben Tisch (Bd. 53, S. 76). In Sprache und Sitten unterscheiden sich beide Parteien so wenig, daß der Städter

---

daß im allgemeinen wenig Neigung zum Anbau eigener Wohnhäuser bei denselben vorhanden ist, und so erklärt es sich, daß bei so starker Bevölkerung dennoch nur wenige Anbaue geschehen sind." —

In dem Werke „Zur Statistik des Königreichs Hannover", zweites Heft, zweite Abteilung, Folio, Hannover 1852, Seite 65 des Textes wird über den westfälisch besiedelten Landdrosteibezirk Osnabrück gesagt:

„Die bei weitem größte Zahl aller grundbesitzlosen Einwohner auf dem Lande bilden hier die sogen. Heuerleute. Der Heuermann pachtet oder heuert vom Hofbesitzer (Kolonen) ein in der Nähe des Hofes erbautes kleines Wohnwesen (Kotten) mit so viel Garten-, Acker- und Wiesenland u. s. w., um darauf eine eigene kleine Landwirtschaft betreiben zu können. Der Zweck dieser Einrichtung beruht wesentlich darin, daß der Hofbesitzer sich auf diese Weise die nötige Arbeitshülfe sichert, indem der Heuermann bei Eingehung des Pachtverhältnisses sich verbindlich macht, dem Kolonen entweder ohne besondere Vergütung oder gegen einen festgesetzten geringen Tagelohn die verlangte Hülfe (sogen. Haushülfe) zu leisten . . . . Für den Osnabrücker Hofbesitzer ist ein solches Verhältnis um so wichtiger, als die Kolonate hier meistens nicht in Dörfern, sondern zerstreut über die Feldmarken in sogen. Bauerschaften liegen, sodaß dem Kolonen, der eigentliche Dienstboten nur zum Notbedarf hält, viel daran gelegen sein muß, die nötige Tagelöhnerhülfe in der Nähe zu haben."

Der Heuerling hat 5 bis 6 Morgen Land (a. a. O.).

Es gab 1849 im Landdrosteibezirk Osnabrück: 7978 Kolonen und 17 319 Heuerleute (a. a. O. S. 66), also etwa 2 Heuerleute auf einen Kolonen.

Ganz ähnlich lautet die Schilderung der Heuerleute in dem Werke Danger und Manz, Der Grundbesitz in der Provinz Hannover, Hannover 1886, Seite 331, wo ebenfalls der Regierungsbezirk Osnabrück gemeint ist. Insbesondere wird daselbst bestätigt, daß der Kolone den Heuerling, wenn er bei ihm arbeitet, beköstigen muß, und S. 332 wird berichtet, daß diese Heuerleute nach Holland wandern, um bei der Torfarbeit Lohn zu verdienen. Dies ist bereits von Justus Möser im vorigen Jahrhundert reichlich besprochen. —

keinen gesellschaftlichen Unterschied zwischen ihnen bemerkt (S. 43). „Der Heuermann hat nicht das Gefühl, ein . . . . . zur Lohnarbeit gezwungener Mann zu sein“, er meint, nur freiwillig dem Bauern beizustehen, und hat das Bewußtsein, daß dieser ihn ebensowenig entbehren kann als er jenen (S. 36). Die Kinder des Heuerlings sind mit den Bauernsöhnen in dieselbe Schule gegangen und haben später mit ihnen auf dem Felde die gleiche Arbeit verrichtet (S. 131); beide Klassen unterscheiden sich zwar durch ihren Besitz, aber nicht durch Bildung, Lebensweise oder Weltanschauung: und dies ist der entscheidende Punkt, dies ist die Wurzel ihrer Einigkeit. Der Heuerling ist allerdings dem Besitze nach kein Bauer, aber er hat bäuerliche Sitten, und er ist dem Bauern ebenbürtig im Verkehr; bis zum Heiraten erstreckt sich allerdings die Ebenbürtigkeit keineswegs, denn die Eheschließung ist für den Bauern eine Besitzfrage; aber der bäuerliche Umgang ist dem Arbeiter gesichert, der Heuerling ist kein Auswürfling in seiner Heimat.

Der zweite Landstrich Norddeutschlands, das eigentliche Niedersachsen, zwischen Weser und Elbe, ist gewiß eine der lehrreichsten Gegenden Deutschlands, besonders wegen der unversehrten Gesundheit des Bauernstandes, der dort, wie bekannt, in geschlossenen Dörfern lebt Hier kann man den Vollbauern, den Halbbauern und den Viertelbauern noch in aller Deutlichkeit unterscheiden, und neben ihnen wohnt der Kötter, der kein richtiger Bauer mehr ist, und der Brinksitzer, der weder Bauer noch Kötter ist, und der Anbauer, endlich der Häusling und ähnliche Klassen der kleineren Leute. Dazwischen kommen auch sogen. Rittergüter vor, aber sie sind weniger zahlreich und auch kleiner als die im Osten; vor allem sind sie ihrer Entwickelungsphase nach etwas anderes: sie sind noch heute so klein, wie sie im Mittelalter als Mittelpunkte oder Kerne von Grundherrschaften gewesen sind, da sich hier die Weiterbildung der Grundherrschaft zu einer umfassenden Gutsherrschaft nicht vollzogen hat. Infolgedessen ist auf dem hannöverschen Rittergut kein so großer

Bedarf an Arbeitskräften; es sind überall wohlbesetzte Dörfer in der Nähe, und in diesen Dörfern giebt es immer eine gehörige Anzahl kleiner Leute, die hie und da, ohne sich auf die Dauer an einen bestimmten Arbeitgeber zu binden, geneigt sind, auf Tagelohn zu gehen. Die größeren Bauern und ebenso die Gutsbesitzer bedienen sich auf gleiche Weise dieser Art von Landarbeitern, die allein im wahren Sinne des Wortes Tagelöhner heißen sollten, denn sie schließen wirklich nur auf Tage den Arbeitsvertrag. Die Leute dieser Art werden oft, weil sie nicht auf die Dauer an bestimmte Arbeitgeber gebunden sind, als „freie Landarbeiter" bezeichnet, und man wird, da sie ja ländliche Arbeit verrichten, den Namen wohl gestatten müssen.

Aber man vergesse nicht: das Landarbeitertum ist hier nur nebensächlich; die Leute, die so beschäftigt werden, ziehen mancherlei Verdienst aus dieser Quelle, aber es ist nur ein Nebenverdienst. Die Landarbeit für Bauern oder für Gutsbesitzer ist nicht die Grundlage ihrer Existenz; unser „freier Landarbeiter" kann, wenn er nicht gedungen wird, dennoch weiter leben, allerdings schlechter als vorher; aber der Fortfall der Lohnarbeit wirft ihn nicht um. Die „freien Arbeiter" sind nur insofern eine Arbeiterklasse, als man sie vom Standpunkte des Arbeitgebers aus betrachtet. Vom Standpunkte aber des Dorfes aus gesehen, worin sie wohnen, erscheinen sie ganz anders: da sind sie eben Kötter, Brinksitzer, Häusler oder Anbauer, das heißt, sie haben eine bestimmte Stellung in der Gemeinde, bestimmte Arten von kleinem Grundbesitz, kurz und gut, sie stecken mit ihren gesellschaftlichen Wurzeln ebenso fest und sicher in der niedersächsischen ländlichen Verfassung, wie die Heuerlinge in der westfälischen. Auch in Hannover also ist der da vorherrschende „freie Arbeiter" in Bezug auf seine geistigen Ansprüche wohlversorgt; er wohnt in einem reichgegliederten Gemeinwesen, hat Bauern neben sich, mit denen er in der Schule, in der Kirche, auf dem Tanzboden verkehrt, die mit ihm dasselbe Plattdeutsch reden, und mit denen er, wenn die Aushebung ihn trifft, Arm in Arm dem Soldatendienst entgegentaumelt. Man begreift daher, daß es auch in

Hannover keine ländliche Arbeiterfrage giebt: es fehlt erstens ein ausschließlich diesem Beruf geweihter Stand; Leute, die gelegentlich auf Tagelohn gehen, die giebt es freilich, aber sie fühlen sich als etwas ganz anderes; sie würden, nach ihrem Berufe gefragt, antworten, „ich bin Brinksitzer", oder „ich bin Häusler" und von allgemeinem Mißmut, von verbissener Betrachtung der eigenen Lage können diese Leute nicht ergriffen werden, es sei denn, daß dermaleinst eine Brinksitzerfrage oder etwas ähnliches auftaucht.

Wenden wir uns nun zum Lande östlich der Elbe, so müssen wir vor allem betonen, daß hier keine Gleichförmigkeit besteht, was ja auch bei der ungeheuern Ausdehnung nicht zu erwarten ist. Der Kürze halber scheiden wir die minder charakteristischen Provinzen aus und halten nur diejenigen fest, in denen sehr große Rittergüter ganz besonders häufig, Bauerndörfer dagegen entsprechend selten sind; das wäre also der große Strich an der Ostsee entlang: Mecklenburg und die Uckermark; Vorpommern, Hinterpommern, Westpreußen, woran sich südlich Posen anschließt, und Ostpreußen.

In diesen Gegenden der Rittergüter ist die vorherrschende — keineswegs einzige — Arbeitsverfassung für den herrschaftlichen Betrieb das viel besprochene Instenwesen. Seine Hauptzüge sind etwa folgende:

Der Gutsbesitzer sichert sich durch Vertrag auf längere Zeit die Arbeitskraft — nicht etwa eines Mannes, sondern — einer Arbeiterfamilie. Die Familie wird in einen Katen gesetzt, der auf dem Boden des Gutsherrn steht, und muß sich bereit halten, einen Mann und einen Gehülfen (den sogen. Scharwerker) zu stellen für die landwirtschaftlichen Arbeiten auf dem Felde des Herrn. Dafür wird nur ein ganz geringer Tagelohn bezahlt; in der Hauptsache empfängt der Inste, außer dem Genuß der Wohnung, in der Regel etwas Gartenland, das er für sich benutzt; und außerdem wird für ihn eine Anzahl Morgen Landes in den gutsherrlichen Schlägen bestellt: was da geerntet wird an Getreide, Hülsenfrüchten oder Kartoffeln, das gehört dem Insten. Endlich hat der Inste das Recht, während des Winters das Getreide des Gutsherrn auszudreschen gegen einen bestimmten Bruchteil des Erdrusches.

Die „Beisaaten", die für den Insten geerntet werden — auf dem sogen. „Morgenland" —, und das Getreide, das er sich als seinen Anteil erdrischt, ist oft mehr als er braucht; den Überschuß verkauft er, und aus diesem Erlös, sowie aus dem nur ganz spärlichen Tagelohn setzt sich sein Geldverdienst zusammen.

Es ist selbstverständlich, daß der Inste etwas Vieh besitzt, oft eine Kuh oder einige Schafe, und ganz regelmäßig hat er ein Schwein im Stall.

Sehr oft sind die Arbeiterwohnungen, die Katen, recht erbärmlich, doch haben sie sich in der letzten Zeit gebessert. Sicher ist, daß der Inste niemals Hunger leidet; seine Versorgung mit Brot, mit Erbsen und Bohnen, mit Speck und Gänsefett läßt in der Regel gar nichts zu wünschen übrig, soweit die Fülle in Betracht kommt. Es handelt sich wirklich im großen und ganzen nicht um ungenügende Ernährung. Der Inste bewegt sich auch bei regelmäßiger körperlicher Arbeit stets in freier Luft und kann mit dem übel genährten, in geschlossenen Räumen beschäftigten Industriearbeiter, der ebenfalls schlecht wohnt, gar nicht als gleichartig betrachtet werden. Der Herr, der ihn beschäftigt, bietet ihm in der That nicht einen Stein statt des Brotes. Brot hat der Inste für sich und die Seinigen genug.

Solche Instenhäuser, jedes mit einer Familie besetzt, stehen in der Nähe der Gutsgebäude in verschiedener Zahl, häufig 10 oder 12, und dies wiederholt sich bei jedem Vorwerk. Von der Kündigung wird beiderseits sehr häufig Gebrauch gemacht.

Auf den ersten Blick erinnert der Inste an den Heuerling, denn beide haben ein dauerndes Verhältnis zu ihrem Arbeitgeber; beide werden nicht in erster Linie durch Geld, sondern durch andere Gegenleistungen abgelohnt. Gleichwohl ist der Unterschied groß, auch wenn wir nur das Wirtschaftliche ins Auge fassen. Der Heuerling hat auf dem Lande, das für ihn ausgesondert ist, einen eignen, wenn auch recht kleinen Betrieb. Das hat aber der Inste nicht: nur das ganz kleine Gartenland ist ausgesondert, und da kann er allerdings sein Gemüse bauen; was aber das Morgenland betrifft, so liegt es in den gutsherrlichen Schlägen und wird mit dem Gutslande zugleich bestellt; die Beisaaten erntet der Inste, aber er baut sie nicht.

Wenn wir von der Gartennutzung absehen, so ist der Inste ein Arbeiter ohne eigenen landwirtschaftlichen Betrieb, bezieht in der Hauptsache nur Nahrungsmittel und ist nicht weit entfernt von einem Deputatisten, d. h. von einem Arbeiter, dem die Nahrungsmittel nach Bestimmung seines Vertrages geliefert werden; denn diese verabredeten Lieferungen heißen Deputat.

Demnach ist der Heuerling weit selbständiger als der Inste; er steht offenbar höher, und es wäre ein Fortschritt, wenn der Inste sich zum Heuerling entwickelte.

Aber das thut er ganz und gar nicht. Die Entwickelung ist umgekehrt: der Inste entfernt sich immer mehr vom Heuerling; jene für ihn bestellten Morgen fallen häufig weg, nur der kleine Garten bleibt ihm noch; seine Kuh steht bereits im herrschaftlichen Stall; oder man liefert ihm gar schon die Milch ins Haus. Der Gutsherr will einen Mann, der ihm zu jeder Stunde zur Verfügung steht — und das thut kein Heuerling.

Andrerseits hat der Inste, seitdem mit der Dreschmaschine gedroschen wird, einen weit kleineren, fast verschwindenden Dreschanteil; seine Naturalbezüge geben nicht mehr den früheren Überschuß. Ehemals war der Inste, gerade wie sein Herr, interessiert an hohen Getreidepreisen, denn er, der Arbeiter, verkaufte ja ebenfalls Korn; beide hatten also eine bedeutende Interessengemeinschaft.

Wenn nun aber der Getreidebau des Herrn zurückgeht, wenn Viehzucht überwiegt, wie soll sich da das Instenverhältnis halten? Da muß man wohl den Arbeiter in Geld zu lohnen anfangen: dann aber verkauft er nicht, wie bisher, sein Korn, sondern er kauft es — und die altbegründete Interessengemeinschaft hört auf. Der Inste wird dann ein Arbeiter mit Sonderinteressen, das patriarchalische Verhältnis ist dahin, und die ländliche Arbeiterfrage fängt an.

Die beginnende Auflösung des Instenwesens wurde schon zu Anfang der siebziger Jahre vom Freiherrn von der Goltz beobachtet: Einziehung des Morgenlandes, Verbot der Kuhhaltung kam schon damals vor, ebenso die Schmälerung des Dreschanteils wegen des Maschinendrusches. Seitdem hat dies alles weiter um sich gegriffen, und wenn auch noch sehr viel von der alten Verfassung übrig ist, so sagt doch bereits Weber (Bd. 55, S. 781) ohne Umschweife: „Das Instenverhältnis in seiner jetzigen Gestaltung hat keine Zukunft."

Und was tritt an die Stelle? Der Gutsbesitzer, der schon längst eine Absatzwirtschaft betreibt, oder eine kapitalistische Wirtschaft, wie ich sie nenne, zieht die Geldlöhnung seiner Arbeiter vor, das heißt, er geht zu der Arbeitsverfassung über, welche bereits im kapitalistischen Betrieb der Industrie allgemein gebräuchlich ist. Zur kapitalistischen Landwirtschaft gesellt sich also die Arbeitsverfassung mit Geldlohn und verdrängt die patriarchalische mit der Naturallöhnung immer mehr. Jetzt fragt es sich, wo sind die Arbeiter, die mit dem niedrigsten Geldlohn zufrieden sind? Es sind die slavischen Wanderarbeiter, die von Rußland und russisch Polen herüberkommen und mit wahren Hungerlöhnen vorlieb mehmen. Der Gutsherr hat alles Interesse, ihnen den Vorzug zu geben, und der besser lebende deutsche Arbeiter wird verdrängt oder zu niedriger Lebenshaltung herabgedrückt. Er ist schlechter genährt und wird auch kein so brauchbarer Soldat mehr wie früher. Dies drückt Weber (Bd. 55, S. 795) mit den Worten aus: „der patriarchalische Großbetrieb hat den Nahrungsstand der Landarbeiter und ihre militärische Tüchtigkeit konserviert; der kapitalistisch organisierte Großbetrieb aber besteht heute auf Kosten des Nahrungsstandes, der Nationalität und der Wehrkraft des deutschen Ostens".

Noch ist es nicht überall so weit, aber es ist klar, daß dies uns droht. Es muß hier in vergangenen Zeiten etwas versäumt worden sein; aber da wir nicht hier sind, um vergangene Fehler aufzudecken, sondern um vorhandene Schäden zu heilen, so fragt es sich: was ist zu thun? --

Hier liegen nun einige Vorschläge auf der Hand, die wir uns etwas genauer betrachten wollen.

Man spricht davon, die Insten oder einen Teil der Insten in Heuerlinge zu verwandeln, denn das ist klar, daß der Heuerling den Vorzug verdient. So verlockend dies aussieht, so abkühlend wirkt die Überlegung, daß offenbar der Zug der Zeit nicht dahin weist. Wo man den Dingen ihren Lauf gelassen hat, da ist der eigene kleine Betrieb des Insten immer mehr eingeschrumpft, während er sich erweitern müßte, wenn aus dem Insten ein Heuerling werden soll. Immerhin könnte eine solche Verwandlung doch stellenweise möglich sein, sodaß nicht überall, aber hie und da im Osten Heuerleute entstünden. Nehmen wir dies an, so hätten wir allerdings die juristische Form der westfälischen Arbeitsverfassung in den Osten übergeführt — aber es ist unmöglich, auch den socialen Hintergrund derselben mitzunehmen; der Baum läßt sich verpflanzen, aber das Erdreich nicht. Der Osten hat nicht die einzeln liegenden Bauernhöfe, und hat nicht die bäuerlichen Sitten des westfälischen Arbeitgebers. Es ist wahrscheinlich, ja fast gewiß, daß Heuerleute, auf Rittergüter versetzt, sich unbehaglich fühlen und rasch verkümmern würden.

Die juristische Form der Arbeitsverfassung allein thut es nicht, so wenig als es allein auf das Sattwerden ankommt. Es ist unverkennbar, daß der Heuerling eine Seele hat, und weil diese Seele ihre Nahrung findet, deshalb fühlt sich der westfälische Heuerling so wohl. Im Osten würde der Leib nicht hungern, aber der Durst der Seele würde nicht gestillt. —

Ein anderer Gedanke wäre der: man verwandle den Insten in einen Häusler; man gebe ihm Haus und etwas Land zu eigen — oder auch in Erbpacht; dann hat er, statt auf Kündigung zu wohnen, ein eigenes Heim, und er wird mit Freuden, um Geld zu verdienen, als freier Landarbeiter sich dem Gutsbesitzer darbieten. Nach dieser Richtung hin drängt ja, wie es scheint, der natürliche Verlauf, und nichts verbürgt so sehr den

Erfolg des Gesetzgebers, als wenn das Gesetz nur Wege ebnet und Nachhülfe schafft, gleichsam Vorspann leistet, während die treibende Kraft sich bereits von selber regt.

Noch dazu wird für die Ansetzung von Häuslern, die als freie Arbeiter auftreten, das Beispiel Mecklenburgs, also einer östlichen Gegend, angeführt. Sehen wir uns jedoch dies mecklenburgische Muster näher an!

Wie es politisch zwei Mecklenburge giebt — Schwerin und Strelitz — so giebt es auch social zwei Mecklenburge: die Ritterschaft und das Domanium. Diese Teile unterscheiden sich scharf (vgl. Sering in Bd. 56, S. 124). Im ritterschaftlichen Teil sieht man stundenweit kein einziges Dorf; an ihrer Stelle stehen herrschaftliche Wohnhäuser und Parks, daneben große Ställe und Scheunen, und in der Nähe die Katen der Gutstagelöhner — wie dort die Insten heißen. Die Bahnhöfe sind selbst Sonntags menschenleer; wer da ein- und aussteigt, sind Gutsbesitzer, Diener in Livree und Reisende der vierten Wagenklasse.

Im Domanium hingegen freut man sich am Anblick der zahlreichen wohlhabenden Dorfschaften, jede von etwa 10 bis 25 Gehöften. Sie bilden seit 1869 selbständige Gemeinden. Überall sind neben den großen und mittleren Bauerngütern auch einige kleine Stellen, Büdnereien und Häuslereien; Büdnerstellen giebt es jetzt 7262, Häuslerstellen 7704, also fast gleich viele; die Büdnerstellen sind ähnlich, nur etwas größer als die Häuslerstellen.

Nur die Häusler gehen uns hier an; sie sind seit dem Jahre 1846 von der schwerinischen Regierung angesetzt, um der Auswanderung entgegen zu wirken. Außer dem Haus- und Hofplatz hat jeder einen Garten in Erbpacht. Jedermann rühmt den Erfolg; die Befürchtung, daß man Tagediebe und Waldfrevler ansetze, war unbegründet und niemand spricht mehr diese Besorgnis aus. Die Häusler sind in der Hauptsache Landarbeiter (S. 131); ja, was ganz besonders bestechend ist, sie arbeiten auch auf ritterschaftlichen Gütern, wenn solche in der Nähe liegen (Weber, Bd. 55, S. 700), freilich nur neben den

Insten. Warum sollten sie, die Häusler, nicht berufen sein, nach und nach an Stelle der Insten zu treten? Wer sieht es nicht, daß, wenn schon der westfälische Heuerling unmöglich ist, doch der mecklenburgische Häusler sich in Zukunft weiter verbreiten wird? Auf dies Ziel also muß man lossteuern.

Aber auch hier türmen sich Schwierigkeiten auf. Nicht auf ritterschaftlichem Boden, sondern auf dem Domanium sind die Häuslereien begründet, also da, wo es noch Bauerndörfer giebt. Die Häuslereien sind (Sering, Bd. 56, S. 130) unmittelbar am Dorf, also in der Nachbarschaft der Bauern, im Anschluß an Bauernhäuser, aufgebaut; und man hat (a. a. O. S. 131) den Häuslern die Teilnahme an der Nutzung der Gemeindeländereien gestattet. Infolgedessen fühlt sich der Häusler als Gemeindemitglied (Weber Bd. 55, S. 764). Natürlich ist der Hauptgrund seines Gedeihens der: auch der mecklenburgische Häusler, geradeso wie der hannöverische, hat seinen Mutterboden, nämlich das Bauerndorf.

Im mecklenburger Domanium handelt sich's also nicht um isolierte Arbeiterkolonien! Sollte man bei dieser Sachlage die Häusler so einfach nach dem dörferlosen Osten verpflanzen können? Gesetzt, man thäte es, so würden sie sich in der Einsamkeit der Rittergüter bald in mißvergnügtes Gesindel verwandeln — denn auch der Häusler hat wie der Heuerling eine Seele.

Jedesmal also stoßen wir auf die nämliche Thatsache: die ländliche Arbeitsverfassung ist nur ein Glied der ländlichen Verfassung überhaupt; der Heuermann gehört zum Einzelhof; der Häusler, als freier Arbeiter, hängt am Bauerndorf: der Inste gehört zum Rittergut, wo es weit und breit das Land beherrscht und keine bäuerlichen Nachbarn hat. So hätten wir also eine schematische Gliederung. Aber vergessen wir nicht, daß die Wirklichkeit oft mannigfaltiger ist, als das Schema des Theoretikers. Auch wenn unsere Einsicht zu Ende wäre — unsere Hoffnung stirbt deshalb noch lange nicht.

Indessen, unsere Einsicht reicht noch etwas weiter. —

Gerade die Arbeitsverfassung des nordöstlichen Rittergutes ist auffallend wandelbar[1]. Hier hatte man früher, als noch Unfreiheit der Bauern bestand, die Fronverfassung. Das Instenwesen breitete sich erst später aus, als die Landbevölkerung befreit war; nicht durch staatliche Anordnung, sondern unter völliger Zurückhaltung des Staates hat sich diese Arbeitsverfassung gebildet. In der Gegenwart ist nun auch diese, kaum hundert Jahre alte Einrichtung im Begriff zu verfallen, und wenn der Staat nichts thut, dann greift das Wesen der Wanderarbeiter zweifellos immer mehr um sich. Sie kommen aus polnischen und russischen Gegenden; da sie so niedre Löhne fordern, droht die Gefahr, daß sie sich bei uns seßhaft machen, und daß wir Zustände wie in Galizien oder Irland bekommen, nämlich eine nationale Verschiedenheit der Gutsherren und ihrer Arbeiterbevölkerung, auch in bisher völlig deutschen Bezirken.

Daß der Staat sich früher ganz zurückhielt, hatte bekanntlich seinen guten Grund. Die Wissenschaft hatte nicht vorgearbeitet; sie hatte im 18. Jahrhundert nur das Fronsystem verdammt, aber sie hatte über den Ersatz desselben nicht nachgedacht; man sagte, das wird sich von selber finden.

Heutigen Tages steht das aber anders. Gerade über die verschiedenen Arbeitsverfassungen, vergangene und zukünftige, denkt man nach. Die ländliche Verfassung im weitesten Umfang wird nicht mehr mit dem dumpfen Gefühl des natürlichen Menschen als etwas schlechthin gegebenes betrachtet. Wenn die Arbeitsverfassung tief eingewurzelt ist in die ländliche Verfassung überhaupt — so schrecken wir nicht mehr vor dem Gedanken zurück, ob das größere Ganze verändert werden kann. Das Stockwerk, worin wir wohnen, kann für sich nicht umgebaut werden; aber wie wäre es mit einem Umbau des Hauses, worin das Stockwerk liegt?

So käme es also auf die Frage an: kann man die länd-

[1] Vergl. Knapp, Die Landarbeiter in Knechtschaft und Freiheit, Leipzig 1891. Seite 65.

liche Verfassung verändern? Die Versuche dazu liegen vor in Versuchen zur inneren Kolonisation; so verstanden hat die innere Kolonisation den engsten Zusammenhang mit der ländlichen Arbeiterfrage des Ostens. Die innere Kolonisation will im Osten Deutschlands durch Eingriff der Staatsgewalt Rittergüter zerschlagen und daraus Bauerngüter und Arbeiterstellen machen.

Es kann gar keine Rede davon sein, dies überall zu thun. Es giebt auch im preußischen Osten noch viele Bauerndörfer; besonders dürften sie da, wo früher Domänenämter waren, noch zahlreich zu finden sein. Und sogar in dörferlosen Gegenden will man nicht etwa alle herrschaftlichen Güter zerschlagen, um daraus bäuerliche und noch kleinere Stellen zu bilden: der Gedanke wäre abenteuerlich. Nur hie und da, wo die Gelegenheit sich bietet, soll es geschehen.

In einer so ernsthaften Sache wollen wir lieber ein Wort zu wenig sagen als ein Wort zu viel, und daher den allgemeinen Sinn des Kolonisationswerks in aller Schlichtheit so ausdrücken: die neueren preußischen Gesetze wollen die Umwandlung der ländlichen Verfassung, soweit sie durch die gegenwärtige Lage geboten ist, durch staatliche Leitung und Hülfe so befördern, daß möglichst wenige Interessen dabei verletzt werden. Ich weiß es wohl, daß noch ganz andere Ziele den Mitgliedern des Landtags, der Regierung und den Männern von der Presse vor Augen standen — aber je tiefer man in die Ausführung des Geschäftes hineinblickt, desto mehr tritt jener bescheidene und doch so unbeschreiblich wichtige Gedanke in den Vordergrund. Dies ist das klare Ergebnis der Untersuchung Serings, der zum erstenmal über die Ausführung Rechenschaft giebt. Es ist hier, wie überall, zu unterscheiden zwischen dem was diejenigen wollen, welche das Gesetz machen, und dem was das fertige Gesetz, also der Gesetzgeber, will; sowie zwischen dem was das Gesetz will, und dem was der Staat bei Ausführung des Gesetzes daraus macht.

Der Anfang des Werkes liegt in dem Gesetz vom 6. April 1886. Es wurde damals der preußischen Staatsregierung die gewaltige Summe von 100 Millionen Mark zur Verfügung gestellt, „um zur Stärkung des deutschen Elementes in den Provinzen Westpreußen und Posen gegen polonisierende Bestrebungen" deutsche Bauern und deutsche Arbeiter anzusiedeln. Man dachte im wesentlichen daran, Rittergüter von polnischen Besitzern zu kaufen; man hatte also zunächst nationalpolitische Zwecke — die uns hier nicht weiter interessieren. Daneben war die alte Überlieferung wirksam, daß der Bauernstand zu erhalten und zu mehren sei, während die Stärkung des Arbeiterstandes, der Zahl nach, einem ganz offen liegenden Bedürfnis des Augenblicks entsprach. Das Gesetz entsprang also aus einem bunten Gemisch verschiedener nationaler und socialer Stimmungen: zu wenig Bauern; zu viele Polen; und allgemeiner Arbeitermangel.

In der Ausführung jedoch ist eine ganz deutliche Abklärung eingetreten. Besonders seitdem in den beiden Gesetzen über Rentengüter (1890 und 1891) ein passendes Besitzrecht geschaffen war, ergab sich ungefähr folgendes in der Wirklichkeit:

Die staatliche Thätigkeit auf Grund dieser Gesetze kümmert sich nicht um die bestehenden Arbeiterverhältnisse; die bleiben überall zunächst wie sie sind; es denkt niemand daran, etwa die Instengruppen auf den einzelnen Gütern in Häusler zu verwandeln; das liegt außerhalb des Gesichtskreises dieser Gesetze.

Dagegen hat man, der Fassung des Gesetzes entsprechend, allerdings daran gedacht, auf erworbenem Lande neue Arbeiterkolonien anzusetzen. Die Arbeiter hätten dann auf zwei oder drei benachbarten Rittergütern wohl Anstellung im Tagelohn gefunden; in gewissen Jahreszeiten wären sie zweifellos sehr gesucht gewesen. Es wären nach und nach „freie Arbeiter" in beträchtlicher Zahl in Kolonien entstanden, die zerstreut unter der großen Masse der Rittergüter gelegen hätten. So dachte man sich die Sache. Aber schon private Versuche in dieser Richtung sind fast ausnahmslos mißglückt: „alle Einwohner stehen auf derselben Stufe der Dürftigkeit"; „nach wie vor ist der Arbeiter in solchen Kolonien gesellschaftlich isoliert"; „es liegt etwas Gedrücktes, Trauriges, Unfreies auf solchen Gemeinwesen"; die rührigen und selbstbewußten jungen Leute halten es in solcher Umgebung nicht aus", weil sie es zu nichts bringen können (Sering, Bd. 56, S. 120—121). Ganz dieselbe Erfahrung hat die Ansiedelungskommission gemacht (S. 215). Sering kommt zu dem allgemeinen Ergebnis: „für kleine Stellen ist es von der höchsten Wichtigkeit, daß sie niemals anders als im Zusammenhang mit Dorfgemeinden begründet werden" (S. 141). Es ist also mit der Gründung bloßer Arbeiterkolonien — nichts.

Immerhin kann man das Einströmen von Wanderarbeitern aus dem Osten polizeilich verbieten, damit die Landarbeiter, die wir haben, nicht noch weiter herabsinken.

Wer aber unseren Landarbeitern die Freizügigkeit nehmen oder auch nur beschränken will, der versperrt dem Arbeiter den natürlichen Ausweg aus der Not. Dazu kann der Staat die Hand nicht bieten. —

Anders, als mit den Arbeiterkolonien, steht es mit den Bauernkolonien. In dieser Beziehung hat die Ansiedelungskommission weit mehr Glück gehabt, ja man darf sagen, der Erfolg war so vollkommen wie nur möglich, da ja einzelne Mißgriffe schlechterdings unvermeidlich sind. Die Kommission hat aus dem Süden und Westen Deutschlands Leute kommen lassen, die vom Verkauf ihrer heimatlichen Stellen einiges Geld mitbrachten. Man hat dann das Land der aufgekauften Güter in Bauernstellen mittleren Umfanges zerlegt, gewöhnlich mit Vermeidung der Gemengelage, die Hufen reihenweise nebeneinander; man hat für übrig bleibendes Gemeindeland gesorgt, hat Kirche und Schule nicht vergessen, man hat die nötigsten Gebäude billig aufgebaut und das Land schon vor Ankunft der Neuansiedler vorläufig für sie bestellt; die Leute kamen an und faßten Wurzel. Wie immer, wo eine Kolonisation gelingt, haben sie dann nach Hause geschrieben, daß es ihnen gut gehe, und diese Briefe haben Nachschub angelockt. Mit anderen Worten: die Arbeiterkolonisation mißlingt, aber die Bauernkolonisation gelingt.

Und zwar gelingt sie nicht nur auf dem Boden, den die

Kommission aus den Händen polnischer Besitzer erworben hat. Sehr häufig wird von Rittergutsbesitzern auf privatem Wege dasselbe gethan: viele finden es vorteilhaft, freiwillig Bauernstellen auf ihrem Gutsland zu errichten mit Rückbehaltung eines Restgutes. Denn es ist in der Gegenwart eine Konjunktur, die den kleineren Betrieb vorteilhafter macht als den großen. Hierbei greift nun besonders das Rentengutsgesetz erleichternd ein, indem der neue Bauer geringere Anzahlungen macht und allerdings Renten auf sich nimmt, aber nicht Schuldzinsen an berufsmäßige Geldverleiher.

„Alle neueren Untersuchungen ergeben, daß bis vor kurzem die technische Leistungsfähigkeit der Bauernwirtschaft weit unterschätzt war." „Die Ackerbauschulen, die Wanderlehrer, die landwirtschaftlichen Vereine, vor allem aber das Beispiel vieler gut geleiteter Großbetriebe und die erfreuliche Entwickelung einzelner Zweige des Genossenschaftswesens, namentlich die fabrikmäßig geleiteten Sammelmolkereien haben zusammengewirkt, um den mittleren Betrieb auf eine sehr viel höhere Stufe zu heben." So lauten die Berichte (Bd. 56, S. 69). Man atmet förmlich auf, wenn man hört, daß die Bauern trotz ihrer Mittelbetriebe moderne Menschen geworden sind.

Sehr lehrreich ist ein Beispiel aus dem Kreise Kolberg-Körlin. Dort sind vom Ende der siebziger Jahre bis 1891 ohne alle staatliche Vermittelung, elf größere Güter zerschlagen worden. Daraus sind 15 Restgüter und 239 neue Stellen (worunter nur 30 bis 40 unselbständige) entstanden. Ein höchst beachtenswertes Symptom für die Lage der Landwirtschaft im Osten! Mehrere hundert Tagelöhner und Bauernsöhne haben also ein Dutzend Rittergüter ausgekauft und daraus einige hundert leistungsfähige Stellen gebildet — wozu in den letzten Jahren die Rentenbank einige Unterstützung geleistet hat! (S. 171.)

Wenn es so steht in unserem Osten, dann hat das staatliche Kolonisationswerk eine große Zukunft und zwar wesentlich deshalb, weil es in der Richtung wirkt, die durch den Lauf der

Dinge vorgezeichnet ist: Socialpolitik setzt voraus, daß die ökonomischen Grundlagen beachtet werden.

Was soll aber da aus dem Rittergutsbesitzer werden? Auf kleinem Restgute sitzend, zieht er dann Renten vom verkauften Land; der mit Recht gerühmte Musterbetrieb der großen Güter verschwindet; die gesellschaftliche Klasse, die für den preußischen Staat so viel geleistet hat, und deren Befehlsgewohnheiten in unserem Offiziersstande fortleben — der Junker, der mitunter schroff und keck, der aber immer ein ganzer Mann war, was wird aus ihm? Sinkt er auf immer dahin?

Es wäre dies keineswegs nur der Verfall des Landadels. Dieser Adel hat schon zu Anfang unseres Jahrhunderts dem bürgerlichen Gutsbesitzer den breitesten Platz neben sich eingeräumt, zugleich aber diesem Teil des Bürgerstandes seinen Geist eingehaucht. Das Junkertum ist ein weiterer Begriff als der Landadel: es ist unser Gutsbesitzertum. Ist es auf immer verloren?

Ich glaube es nicht. Es hat schlimmere Zeiten gegeben als die unsrigen. Im Jahre 1806 und 1807 sind feindliche Heere bis nach West- und Ostpreußen vorgedrungen: ein so unmöglicher Ort wie Tilsit hat einen Friedensschluß in seinen Mauern erlebt. Die Gutsbesitzer haben damals platt am Boden gelegen — und doch haben viele sich wieder aufgerichtet. Man denke nur an die ungeheuere Macht des Bestehenden — das wird so leicht nicht von einer oder zwei Sturmfluten hinweggeschwemmt. Niedrige Getreidepreise und Arbeiterflucht sind Dinge, die nicht ewig dauern.

Die neue Entwickelung — die Zerschlagung des großen Besitzes — wird also nicht allgemein, sondern nur stellenweise eintreten, vor allem da, wo ohnehin der Untergang durch Zwangsverkauf bevorsteht. Eine ganz gehörige Zahl großer Grundbesitzer, mit oder ohne „von" vor ihrem Namen, wird übrig bleiben.

Die Hauptwirkung der Reform wird sein: größere Mannigfaltigkeit unserer ländlichen Verfassung durch Wiederaufleben des kleineren Betriebes neben dem großen; dichtere Bevölkerung und Aufblühen der kleineren Städte; nebenbei auch reichlichere Arbeitskräfte, wie sie in Hannover und auf dem Mecklenburger Domanium zur Verfügung stehen. Unser Osten wird sich stufenweise verwestlichen, was er in jeder Beziehung nötig hat. Die ungeheuere Kluft, die zwischen dem östlichen und westlichen Deutschland bis zum heutigen Tage gähnt, wird einigermaßen überbrückt und wir gelangen zu einer größeren socialen Gleichförmigkeit unseres Vaterlandes. Der Gutsherr mit seiner politischen Bedeutung bleibt uns unverloren; er ist vereinbar mit einem Zuwachs an Bauern, die sich als moderne Landwirte bewähren; und mit Landarbeitern, die nicht mehr Auswurf sind.

Das ist der Sinn der inneren Kolonisation.

# Die ländliche Verfassung Niederschlesiens.

## Abhandlung aus dem Sommer 1894.

Herr Dr. Arthur Kern hat im Frühjahr 1894 im Geh. Staatsarchiv zu Breslau eine große Menge von Notizen gesammelt, die in engster Fassung in Schmollers Jahrbuch XIX. Jahrgang (1895) S. 83 fgg. mitgeteilt sind. Ich mache mit seiner Erlaubnis den Versuch, den Gesamteindruck zu schildern, den ich aus seinen und meinen Studien über die ländliche Verfassung Niederschlesiens erhalten habe.

1. Die Provinz Schlesien zerfällt in Bezug auf ihre ländliche Verfassung in zwei sehr scharf getrennte Teile: Oberschlesien und Niederschlesien. Die Grenze zwischen beiden Gebieten läuft ungefähr so, daß Oberschlesien aus dem Regierungsbezirk Oppeln, Niederschlesien aus dem Regierungsbezirk Breslau und Liegnitz besteht — jedoch soll eine genaue Grenzbeschreibung hier nicht wiederholt werden.

Die wichtigsten Unterschiede zwischen Niederschlesien und den anderen östlichen Provinzen des preußischen Staates sind etwa folgende:

Niederschlesien hat sehr wenige Domänen, das heißt, es kommen nur wenige Grundherrschaften vor, die der Krone angehören. Im Jahre 1799 gab es im Glogauischen Departement nur zehn Domänenämter mit insgesamt 43 Vorwerken[1]; davon 25 im Fürstentum Liegnitz und 18 im Bezirk Wohlau. Somit steht unser Gebiet im äußersten Gegensatze zu Litauen, wo, wie bekannt, die Domänen ganz besonders verbreitet sind.

Schon hieraus ergiebt sich, daß die großen Reformen der bäuerlichen Verfassung auf den Domänen des preußischen Staates, die von 1799 bis 1805 unter Friedrich Wilhelm III. durchgeführt worden sind[2], für Niederschlesien keine große Bedeutung haben. Für die geringe Zahl der Domanialvorwerke, die es gab, konnte es sich — aus später zu erörternden Gründen — nur um Aufhebung der Dienste handeln, nicht aber um Erteilung

---

[1] Knapp, Bauernbefreiung. Leipzig 1887, Bd. II, S. 134—135.

[2] Knapp, I S. 81—114.

des Eigentums am Boden; und wie es scheint, sind im wesentlichen nur die Spanndienste der Domanialbauern damals aufgehoben worden.

Da die Domänen nur unbedeutend sind, so wiegen um so mehr die privaten Grundherrschaften vor, die dort Dominien genannt werden; sie gehören teils dem Adel, teils der Geistlichkeit an. Für sie ist die Gesetzgebung über die Reformen der Privatbauern maßgebend.

2. Die herrschaftlichen Güter Niederschlesiens sind im Vergleich mit denen der anderen östlichen Provinzen in der Regel klein. **Güter von 1000 Morgen werden bereits zu den großen gerechnet. Die Zahl der Bauerndörfer in Niederschlesien ist sehr groß, und viel größer als die Zahl der Dominien.** Es gab im Jahre 1858 [1] in den Regierungsbezirken

| | | |
|---|---|---|
| Breslau: | 2250 Dörfer; | 1271 Rittergüter, |
| Liegnitz: | 1696 „ | 1117 „ |
| zusammen: | 3946 Dörfer; | 2388 Rittergüter |

also etwa 5 Dörfer auf 3 Rittergüter.

Die herrschaftlichen Wohnhäuser, die nur selten den Namen Schlösser verdienen, liegen fast immer in Dörfern. Es kommt kaum vor, daß die urspünglichen Dörfer im Umkreise des Herrenhofes verschwunden wären oder sich aus Bauerndörfern in Arbeiterdörfer verwandelt hätten, was in Pommern so häufig ist.

3. Die niederschlesischen Bauern — im weitesten Sinne des Wortes — werden bereits vor der Reformgesetzgebung stets als Eigentümer ihrer Stellen bezeichnet; und zwar die wenigen Domanialbauern [2] ebenso wie die vielen Privatbauern. **Dies** ist der Grund, weshalb hier die Domanialbauerreform ebensowenig wie die der Privatbauern das Eigentum erst eingeführt haben könnte; hier bestand bereits, was damals in anderen Provinzen erst zu schaffen war.

---

[1] Jahrbuch für die amtliche Statistik des preußischen Staats. Erster Jahrgang, Berlin 1863, S. 127.

[2] Knapp, II S. 134 unten und 135 oben.

Übrigens war dies „Eigentum" nicht Eigentum im Sinne des römischen Rechts; es bestand vielmehr ein grundherrliches Verhältnis noch fort, wie sich daran zeigt, daß an vielen Orten die Herrschaft Laudemien erhob, wenn der bäuerliche Besitz in andere Hände überging, und daß die Herrschaft ihre Zustimmung zu Besitzänderungen zu geben hatte. Trotzdem heißt es: die Bauern können „unter Lebenden und von Todes wegen über ihre Stelle verfügen"[1]. Es scheint also, daß die Zustimmung der Herrschaft nur noch von untergeordneter Bedeutung war (etwa Anordnungen, damit der Hof nicht mit Schulden belastet und die minderjährigen Kinder nicht benachteiligt wurden.)

Demnach haben wir es nicht mit römisch-rechtlichem Eigentum zu thun. Es soll vielmehr die Bezeichnung „Eigentum" offenbar den Gegensatz zum lassitischen Besitzrecht ausdrücken. Bei beiden ist Grundherrschaft im Spiel, aber das sogenannte Eigentum ist ein besseres Besitzrecht, als das lassitische, und sogar als das erblich-lassitische.

(Wenn das erblich-lassitische Besitzrecht hier und da als „erb- und eigentümliche" Überlassung bezeichnet wird, wie z. B. in der Kabinettsordre vom 20. Februar 1777[2], so ist dies ein durchaus fahrlässiger und irreführender Ausdruck.)

Die preußische Gesetzgebung hat stets daran festgehalten, daß das niederschlesische „Eigentum" etwas ganz anderes ist als der erblich-lassitische Besitz. Dies erkennt man vor allem aus der schwerwiegenden Thatsache, daß die Regulierungsgesetzgebung, von 1811 an, zwar auf erblich-lassitischen Besitz anwendbar ist, niemals aber auf das niederschlesische „Eigentum"; hierauf wird vielmehr die Ablösungsgesetzgebung, von 1821 an, angewendet. Wenn man auf einer Karte der preußischen Monarchie für jeden Kreis die Zahl der vollzogenen Regulierungen einträgt, so bleibt das ganze Gebiet Niederschlesiens[3] bis auf einige Randbezirke leer.

---

[1] Knapp, a. a. O.

[2] Vgl. Knapp, Bd. II S. 81 unten.

[3] Die Statistik findet sich bei Meitzen, Der Boden u. s. w. des preuß. Staates, Bd. IV (1869) S. 292 u. 294, Spalte 3.

Das niederschlesische „Eigentum" ist weder durch preußische noch durch österreichische Reformen eingeführt worden. Es ist vielmehr älter als alle diese Reformgesetzgebungen. Es geht in Zeiten zurück, in denen man noch gar nicht an Reformen dachte.

4. Sonderbarer Weise wird in der preußischen Litteratur nirgends der Unterschied zwischen erblich-lassitischem Besitz und diesem „Eigentum" hervorgehoben. Es soll daher hier versucht werden, denselben nachzuweisen.

Am genauesten bekannt ist das erblich-lassitische Besitzrecht, welches sich in der Deklaration vom 25. März 1790 [1] geschildert findet. Danach steht folgendes fest:

Das Bauerngut bleibt jedenfalls ungeteilt und kann durch Erbgang nur übergehen an einen Erben.

Dieser Erbe muß folgendem Umkreis von Personen angehören: Witwe oder Kinder oder Geschwister des letzten Besitzers. Entferntere Verwandte sind ausgeschlossen.

Wenn mehrere Kinder vorhanden sind, so steht die Auswahl des Erben dem Amte, als der Grundherrschaft, zu.

Der Erbe hat sich in Bezug auf den Hof und das Grundinventar mit seinen Geschwistern nicht auseinanderzusetzen: er erhält beides „unentgeltlich"; die Geschwister mögen andere Ansprüche haben, aber in Bezug auf Hof und Grundinventar haben sie gar keine Ansprüche an den Annehmer des Hofes zu stellen.

Bei dem erblich-lassitischen Besitzrecht auf der Insel Ummanz in Neuvorpommern [2] wird ebenfalls dieser Punkt stark betont: der Annehmer hat sich niemals „über den Wert des Hofes" mit den andern Erben auseinanderzusetzen.

Im Gegensatze hierzu bleibt das schlesische „Eigentum" zwar beim Erbgang ebenfalls ungeteilt, aber:

---

[1] Knapp, Bd. II S. 85.

[2] Knapp, Bd. II S. 469; auch C. J. Fuchs, Untergang des Bauernstandes u. s. w. in Neuvorpommern und Rügen, Straßburg 1888, S. 339 flg. (Abhandlungen aus dem staatswiss. Seminar zu Straßburg, Heft VI.)

es ist nicht bekannt, daß der Umkreis der Personen, aus denen der Erbe hervorgeht, in so hohem Grade beschränkt gewesen wäre;

ferner hat die Grundherrschaft keine Mitwirkung in Bezug auf die Auswahl des Erben;

und endlich hat der Annehmer nicht das Privilegium, daß er sich wegen der Übernahme des Hofes gar nicht mit den Geschwistern auseinanderzusetzen braucht. Dies schließt keineswegs aus, daß der Annehmer gewisse Vorteile genießt; es dürfte vielmehr für ihn der Wert des zu übernehmenden Gutes geringer angeschlagen worden sein, damit er bei der Auseinandersetzung nicht überbürdet wurde; aber trotz aller Schonung steht doch fest, daß er seine Geschwister auch wegen des Hofes abzufinden hat.

Nach W. Wittich ist das niederschlesische „Eigentum“ als deutsches Erbzinsverhältnis anzusehen und stammt aus den Zeiten der Kolonisation.

Hingegen hängt das erblich-lassitische Verhältnis offenbar mit dem nordwestdeutschen Meierrecht zusammen, mit dem es viele Züge gemein hat. Es ist offenbar ein für die östlichen Bedürfnisse umgebildetes Meierrecht. Im Westen ist der Meier Eigentümer seines Hauses, und nur den Grundbesitz hat er zu Meierrecht inne. Dies findet sich auch bei den erblichen Lassiten auf der Insel Ummanz. Dagegen wird sonst in den östlichen Provinzen nie erwähnt, daß der Lassit Eigentümer seines Hauses sei: der Gutsherr hat in der Regel die Pflicht, das Bauernhaus im Stande zu halten, und es scheint dies auch bei erblich-lassitischem Besitz Sitte gewesen zu sein. Wenn dies wirklich so ist — und darüber kann allerdings nur eine eingehende Untersuchung Aufschluß geben — so wäre der erblich-lassitische Besitz im Osten dadurch vom erblichen Meierverhältnis des Westens unterschieden, daß im Osten das Haus keine besondere Stellung einnimmt, wie es im Westen thut.

Das Lassitentum hat sich bekanntlich im Osten nach dem dreißigjährigen Kriege, und infolge des Krieges, besonders stark ausgebildet. Da dieser Krieg auf Niederschlesien nur wenig

Wirkung gehabt hat, so erklärt sich vielleicht hierdurch das Fehlen der Lassiten (die nur in den Grenzgegenden hie und da gefunden werden) und das Fortbestehen eines älteren und weit besseren Besitzrechts.

5. Abgesehen von den Grenzgegenden Niederschlesiens gab es da keine lassitischen Bauern, wohl aber hie und da — auch im Inneren des Landes — lassitische Gärtner, das heißt solche, die an Haus und Acker kein Eigentum hatten. Nach österreichischem Verwaltungsrecht gehörten sie zu den „uneingekauften" Leuten[1]. Doch sind sie bereits gegen das Ende des 18. Jahrhunderts beseitigt worden, im Anschluß an die Urbarienregulierung unter Friedrich dem Großen[2] und das allgemeine Gebot des Einkaufens, d. h. der Verwandlung jener Lassiten in Eigentümer. Somit war im Jahre 1807 das Lassitentum auch bei den Gärtnern nicht mehr da. —

6. Die niederschlesischen Bauern leisteten Dienste (Fronden, Roboten) an ihre Grundherren, aber in der Regel ganz auffallend wenige; man liest von 1½ Tagen oder 2 Tagen in der Woche. In Pommern dagegen kommen häufig 6 Tage in der Woche vor. Also auch in dieser Beziehung hebt sich Niederschlesien deutlich von dem dunkeln Hintergrunde der übrigen östlichen Provinzen ab.

Die geringe Zahl der Frontage erklärt sich aus zwei Gründen, die im Grunde nur einer sind: aus der Kleinheit der gutsherrlichen Betriebe und aus der großen Zahl der Bauern.

Die Fronpflicht lag auf der Gesamtheit der Bauernstellen jedes Bezirks (also jedes Dominiums), und sehr häufig, wahrscheinlich fast immer, ging die Ausübung der Pflicht reihum:

[1] Grünberg, Bauernbefreiung in Böhmen, Mähren und Schlesien, Bd. I (1894) S. 53 flg.

[2] Knapp, Bd. I S. 120. — Grünhagen, Schlesien unter Friedrich dem Großen Bd. I (1890) S. 524. — Keil, in den Schriften des Vereins für Socialpolitik Bd. XLIII, Anhang S. 8.

solche Fronden hießen Zechfronden, wie sie auch in Kursachsen genannt wurden[1].

Der größere Bauer leistete Spanndienste, und zwar sind es Ackerdienste von bestimmtem Umfang; ferner gemessene Dünger-, Ernte- und Heufuhren; daneben, nach Bedarf, also ungemessen: Getreide-, Holz-, Bau- und Wollefuhren.

Die Gutsherrschaft hielt durchweg auch eigene Gespanne, sodaß also die Bauerndienste nur noch als Ergänzung dienten.

Die Handdienste des Bauern (im engeren Sinne des Wortes) waren unbedeutend, da für die Handdienste eine andere Klasse der ländlichen Bevölkerung bestimmt war. —

7. Diese Klasse wurde von den Dreschgärtnern gebildet, die in Niederschlesien — soweit der landwirtschaftliche Betrieb der Grundherren reichte — überall vorkommen. Sie sind die Handarbeiterklasse für den ländlichen Großbetrieb. Jedes Dominium hatte eine Anzahl ständig bei ihm beschäftigter Familien, die jahraus jahrein auf die Arbeit auf dem Gutshofe angewiesen waren.

In anderen Provinzen war dies nicht in solcher Regelmäßigkeit der Fall. Nach Herrn von Haxthausen war z. B. in der Provinz Preußen eine ähnliche Einrichtung zwar bei den Kölmern üblich, indem diese Bauern auf ihren Gütern sogenannte Insten als ständige Arbeiter sitzen hatten; aber die Gutsherren hatten nur wenige oder keine und erhielten diese Arbeiterklasse erst nach der Reformgesetzgebung. Eine bezeichnende Verschiedenheit: denn in Niederschlesien, wo Handdienste schon vorher in der Hauptsache durch die Dreschgärtner geleistet wurden, konnte durch die Reformgesetzgebung dieser Zustand nicht erst herbeigeführt werden; höchstens konnten sich die Verhältnisse der Dreschgärtner umändern. Es konnten also Gutsarbeiter anderer Verfassung aus Dreschgärtnern entstehen, aber es brauchten nicht gebundene Gutsarbeiter erst neu gebildet zu werden. Und so

---

[1] Vgl. Haun, Bauer und Gutsherr in Kursachsen, Straßburg 1892 (Abhandlungen des staatswiss. Seminars zu Straßburg, Heft IX) S. 191.

ist es in der That gewesen: in Niederschlesien hat die Reformgesetzgebung nicht jene Gutsarbeiter geschaffen, wohl aber häufig die vorhandenen Dreschgärtner in Insten verwandelt.

Das Vorkommen der Dreschgärtner läßt sich örtlich ziemlich genau abgrenzen. Sie finden sich in den ebenen Gebieten der Regierungsbezirke Breslau und Liegnitz fast überall; ferner in den anstoßenden Teilen der südlichen Neumark (in den Kreisen Krossen und Schwiebus-Züllichau); in den ebenfalls benachbarten Teilen der Oberlausitz (nämlich in den Kreisen Lauban und Görlitz) und endlich in den angrenzenden Teilen Oberschlesiens auf dem linken (westlichen) Oderufer. Dies alles sind Gegenden, in welchen keine slavische Bevölkerung mehr seßhaft ist. Der Dreschgärtner ist also eine Eigentümlichkeit der ganz germanisierten Landesteile.

Hierin werden wir bestärkt durch Betrachtung der Ausnahme, die sich im Regierungsbezirk Breslau findet: in den nordöstlichen Kreisen Wartenberg, Namslau, Mielitsch und Öls, wo damals überall noch polnisch gesprochen wurde, sind die Dreschgärtner seltener und neben ihnen tritt der sogenannte Robotgärtner auf: dieser ist aber ein mit Diensten belasteter Kossät, kein reiner Gutsarbeiter; und dieser Robotgärtner ist auch in dem polnischen Oberschlesien zu Hause[1].

Der Dreschgärtner findet sich aber nicht in allen Teilen Niederschlesiens; die sogenannten Gebirgskreise, sowohl des Regierungsbezirks Breslau als Liegnitz, kennen die Dreschgärtner nicht. An deren Stelle stehen dort die sogenannten Robothäusler. Zwar ist die Gegend ganz deutsch, aber es fehlt die große Gutswirtschaft, weil in den Bergen der Forstbetrieb vorherrscht; weshalb denn auch der Robothäusler Waldarbeit verrichtet.

Der Dreschgärtner ist also in Niederschlesien von alters her da zu suchen, wo das Land ganz deutsch ist und wo Feldbau im größeren Betrieb sich findet. Diese höchst lehrreiche Bemerkung verdanken wir den eingehenden Forschungen Kerns.

---

[1] Vgl. Knapp, Bd. II S. 262 und besonders S. 393.

8. Die Dreschgärtnerverfassung bietet (abgesehen davon, daß der Dreschgärtner Erbunterthan ist, wie die gesamte ländliche Bevölkerung) etwa folgendes Bild, das ebenfalls durch Kerns Untersuchungen manche feinere Züge gewonnen hat.

Der Dreschgärtner Niederschlesiens ist Eigentümer seiner Stelle, d. h. seines Hauses und der zugehörigen Landfläche; das Land ist von geringer Ausdehnung; gewöhnlich werden 3—4 Morgen genannt. Das Land ist Gartenland; es dürfte in der Regel in der Nähe des Hauses gelegen haben; jedenfalls ist es frei von Flurzwang. Daher die Bezeichnung „Gärtner"; Garten bedeutet hier, was in der Mark Brandenburg Wurth heißt. Demnach hat er eine gewisse Ähnlichkeit mit dem Kossäten andrer Provinzen (Schlesien kennt diesen Ausdruck nicht), dessen Ackerbesitz ebenfalls in der Regel außerhalb des Flurzwanges liegt, und der in Schlesien schlechthin Gärtner heißt. Aber der Kossät hat so viel Land, daß er von dessen Bewirtschaftung leben kann: so viel Land hat der Dreschgärtner nie; er ist vielmehr aufs Dreschen bei der Herrschaft angewiesen.

Der Inste, in anderen Provinzen, ist nie Eigentümer seines Hauses und des ebenfalls sehr geringen Landes, sondern beides wird ihm jetzt auf die Dauer seines Arbeitsvertrags vom Herrn zugewiesen; früher — soweit damals schon Insten vorkamen — dürfte der Gutsherr den Insten nach Gefallen und Belieben in das Haus eingesetzt und daraus verwiesen haben.

Das Eigentum an seiner Stelle (freilich nur Eigentum im Sinne Niederschlesiens) unterscheidet also den Dreschgärtner vom Insten.

In Bezug auf die Steuerverfassung ist der Dreschgärtner Dominikalist[1], d. h. in Bezug auf die Grundsteuer wird sein Land als Gutsland, als Land des Gutsherrn, betrachtet. Wenn dies wahr ist, so wäre das privatrechtliche Eigentum des Dreschgärtners in Bezug auf das Steuerrecht so betrachtet worden, als sei es Eigentum des Gutsherrn.

---

[1] Über Dominikalisten vgl. Grünberg, I S. 51 flg.

9. Der Dreschgärtner hat für den gutsherrlichen Betrieb folgendes zu leisten:

a. Er ist verpflichtet, die gutsherrliche Ernte zu besorgen (wobei das Getreide die Hauptsache ist).

Dafür erhalten die Dreschgärtner einen Bruchteil des geernteten Getreides und zwar je nach örtlichem Brauch den zehnten, elften, zwölften Teil. Der Ausdruck hierfür lautet: die Ernte wird durch die „Mandel" gelohnt. Mandel bedeutet eigentlich 15 Stück (wie Schock bekanntlich 60 Stück bedeutet), insbesondere 15 Garben, die zu einer sogenannten Stiege auf dem Felde, vor dem Einfahren, zusammengestellt werden. Eine Mandel bedeutet also eine Stiege von 15 Garben. Die Dreschgärtner erhalten nun die zehnte (resp. die elfte, zwölfte) Mandel, das ist von je 10 (resp. 11, 12) Haufen einen. Und zwar ist die Gesamtheit der Dreschgärtner eines Gutes zum Empfang berechtigt; dieser Getreideanteil ist nun an die einzelnen Familien weiter zu verteilen, worüber wir nichts genaueres finden konnten.

b. Die Dreschgärtner sind verpflichtet, das herrschaftliche Getreide — wohl im Laufe des Winters — auszudreschen. Dafür erhalten sie einen Bruchteil des Erdrusches, den 15., 16., 17. oder 18. Scheffel; dieser Bezug heißt die „Hebe", während der vorher geschilderte Bezug „die Mandel" heißt; beide sind gleich wichtig, daher der häufige Ausdruck: der Lohn besteht in Mandel und Hebe.

Auch die Hebe wird von der Gutsherrschaft an die Gesamtheit der Dreschgärtner geleistet.

Mandel und Hebe bilden zugleich die Belohnung für die sogenannten Garbenarbeiten, d. h. Drehen von Strohseilen zum Garbenbinden; Ziehen von Furchen zur Ableitung des Regenwassers; Queckenrechen d. h. das Rechen des Unkrauts, das, beim Eggen herausgerissen, auf dem Acker liegt; ferner für das Mistbreiten.

c. Für andere als die oben angeführten Arbeiten, wenn sie vom Dreschgärtner verlangt werden (z. B. Wiesen mähen, Steine klauben), erhält er einen ortsüblichen Tagelohn. Man sieht daraus, wie völlig verkehrt es wäre, ihn einen Tagelöhner zu nennen: gerade daß er nur ausnahmsweise um Tagelohn arbeitet, ist bezeichnend.

Mit Gespannarbeit hat der Dreschgärtner nie zu thun: dies ist Sache der gutsherrlichen Knechte oder des Fronbauern.

10. Der Dreschgärtner ist — wie der Inste — nicht als Einzelperson begreiflich, er ist vielmehr das Haupt einer Arbeiterfamilie. Er hat stets die Verpflichtung, „selbander" zu Hof zu gehen, er selbst und mit ihm ein Weib, in der Regel eine Magd; in der Erntezeit muß er „selbdritt" erscheinen, z. B. mit Magd und Frau oder mit Magd und Tochter. Männliche Gehülfen, die in der Provinz Preußen unter dem Namen Scharwerker den Insten begleiten, kommen in Schlesien nicht vor.

Da der Gutshof im Dorfe liegt, so wohnen auch die Dreschgärtner in Vermischung mit den Bauern im Dorfe, während die östlichen Insten meist einsam um den Gutshof wohnen.

11. Aus der geschilderten Verfassung erklären sich ohne weiteres gewisse Rechte, welche die Dreschgärtnerschaft gegenüber ihrem Gutsherrn hat. Da nämlich die Gesamtheit durch Naturalanteile an der Ernte und am Erdrusch abgelohnt wird, so kann die Zahl der Dreschgärtner nur mit Zustimmung der bereits vorhandenen Arbeiter vermehrt werden: denn sonst könnte sich der Naturalbezug jeder Familie ins Unbestimmte verkleinern. Hieraus ergiebt sich allerdings die Gefahr, daß die Dreschgärtner ihren Kreis geschlossen halten, und auf eine so geringe Anzahl beschränken, daß dadurch die Raschheit der Ernte, zum Nachteil der Gutsherrschaft, unmöglich wird. In diesem Falle darf daher die Gutsherrschaft, z. B. in Oels, Hülfsarbeiter annehmen, die nicht zu den Dreschgärtnern gehören, sondern nur vorübergehend beschäftigt werden; diese Hülfsarbeiter werden dann auf Kosten der Dreschgärtner gehalten — völlig begreiflicher Weise — denn es steht ja fest, daß der Erntelohn in natura unter allen Umständen den Dreschgärtnern zufällt, also müssen diese auch den Mehraufwand tragen in dem Fall, daß ihre Zahl zur Besorgung der Ernte nicht hinreicht. Wenn dies Auskunftsmittel den

Dreschgärtnern zu lästig war, so stimmten sie wohl lieber einer Vermehrung ihrer Zahl zu.

Ebenso war es ein Recht der Dreschgärtner, daß sie allein alles Getreide ausdreschen. Fremde Drescher waren dadurch ausgeschlossen. Da der Ausdrusch nicht eilig ist, so erfahren wir nichts von etwa möglicher Verstärkung der Drescherzahl. Doch war vorgesorgt, daß der Ausdrusch sich nicht ins Unbestimmte verzögern konnte; es bestand eine Verpflichtung, daß täglich ein bestimmtes Maß unter allen Umständen ausgedroschen werden mußte. Sonst hätten sich die Dreschgärtner, durch Hinausziehen des Drusches, jeder anderen Arbeit auf dem Gute entziehen können.

12. Hieraus erklärt sich nun vor allem das schlesische Ablösungsgesetz vom 31. Oktober 1845[1]. Es hat den Zweck, die Gutsherren von dieser allerdings höchst unbeweglichen Arbeits-Verfassung zu befreien, was vom Standpunkt eines rationellen Betriebs für die Gutsherren eine Notwendigkeit war. Aus dem § 4 des genannten Gesetzes geht deutlich hervor, daß man die Dreschgärtner eines bestimmten Gutes als eine Art von Zunft zu betrachten hat; denn der Antrag des Gutsherrn auf Ablösung ist „gegen alle demselben Gute gemeinschaftlich verpflichtete Zehntschnitter und Erbdrescher" zu richten, also nicht gegen einzelne Arbeiterfamilien, sondern gegen die ganze Arbeiterschaft. Die im Gesetz gewählten Ausdrücke sind, auffallender Weise, nicht schlesisch sondern sächsisch; Zehntschnitter ist der Mann, der gegen einen Zehnten d. h. gegen einen Bruchteil des Ertrages, als Schnitter dient.

Daß es zu diesem Ablösungsgesetze im Interesse der Gutsherren kam, giebt zugleich einen Wink für die Gegenwart. Wer etwa meinen sollte, daß man den nordöstlichen Insten zum Dreschgärtner erheben kann, der rechnet nicht mit den Bedürfnissen der heutigen geschäftsmäßigen Gutswirtschaft. Ein solcher Vorschlag würde wenig Beifall finden.

---

[1] Knapp, I S. 214.

Über das Alter des Dreschgärtnerwesens wissen wir nicht viel. Das ganze Verhältnis sieht aber mittelalterlich aus. Ist dies richtig, so hätte man sich folgendes Bild zu machen.

13. Das herrschaftliche Gut Niederschlesiens hat bereits im Mittelalter einen Kreis fest gebundener Arbeiter zur Verrichtung der Handdienste: die Dreschgärtnergenossenschaft. Jede solche Familie hat Haus und einiges Land erblich inne; es wird also vorausgesetzt, daß dies Verhältnis nach dem Tode des Inhabers von den Kindern fortgesetzt wird; die Leute sind Erbdrescher — sächsisch zu reden — wie es Erbförster giebt. Es ist dies der äußerste Gegensatz zum modernen Wanderarbeiter. Merkwürdig ist ferner, daß hierbei, in der Theorie, jeder Geldlohn fehlt; der Lohn besteht nur in einem Anteil an den Produkten. Es ist dies nicht etwa eine Gewinnbeteiligung, wie schon Frommer[1] mit Recht hervorhebt; denn es kommt nicht auf den Reingewinn des gutsherrlichen Betriebs, sondern nur auf den Rohertrag an: es ist Beteiligung am Rohertrag.

Ein solches Lohnsystem hat offenbar nur Sinn für Zeiten, in denen der Getreidebau die Hauptsache ist und niemand daran denkt, daß dies jemals aufhören kann.

Auch hat offenbar damals der Gedanke noch völlig gefehlt, daß unversorgte, notleidende Mitglieder der unteren Klassen sich freiwillig zur Handarbeit drängen würden. Niemand dachte daran, Proletarier auszubeuten, indem man sie zeitweilig gegen Lohn beschäftigte, um sie nach gethaner Arbeit ohne weiteres wieder abzustoßen. Die Arbeiterschaft ist vielmehr fest angestellt und diese Stellung ist sogar erblich!

Hiermit soll nicht etwa gesagt sein, daß jene Gutsarbeiter eine besonders hohe Lebenshaltung gehabt hätten. Es mag im Hause des Dreschgärtners ärmlich und einförmig zugegangen sein, vielleicht jämmerlicher als beim heutigen Landarbeiter. Aber seine Stellung war, was Dauer und Versorgung betrifft, gänzlich gefahrlos.

[1] H. Frommer, Gewinnbeteiligung. Schmollers Forschungen, Bd. VI, (1886) Heft 2. S. 80.

So arm die Leute waren, sie waren kein Auswurf aus der menschlichen Gesellschaft, sie waren vielmehr in die damalige Gesellschaftsordnung aufs sorgfältigste eingegliedert. Sie waren kein Proletariat: denn dessen Kennzeichen ist nicht Armut, sondern ungesicherte Stellung. Daher gehört der Inste, dem jeden Augenblick gekündigt werden kann, zum Proletariat; aber der Dreschgärtner nicht.

14. Die ganze ländliche Verfassung Niederschlesiens ist ein Rest der spätmittelalterlichen Verfassung unserer Kolonialländer.

Das Kolonialland verrät sich, wenn wir die Ergebnisse Wittichs über das ältere nordwestliche Deutschland zu Hülfe nehmen, durch den Umstand, daß die Grundherrschaft ein geschlossenes, zusammenhängendes Gebiet ist und nicht, wie im Westen, aus Streubesitz besteht; sie erstreckt sich über ein oder mehrere ganze Dörfer mit deren Gemarkungen — während der westliche Grundherr einzelne Bauern in verschiedenen Gemarkungen hat. Diese, über zusammenhängende Flächen ausgebreitete Grundherrschaft heißt Dominium; für die Grundherrschaft des Westens findet sich dieser Name nicht.

Im Westen ist der Grundherr häufig ein anderer als der Gerichtsherr. Im Osten können beide theoretisch geschieden werden, aber thatsächlich sind sie nur eine Person, und das Dominium, dessen Herr zugleich Grundherr und Gerichtsherr ist, hat daher etwas einheitliches; die ausgeübte Herrschaft ist sichtbarer und macht sich stärker geltend als im Westen. Daß sie aber ihren Ursprung in der Vereinigung der beiden Herrschaftsrechte in einer Person hat, zeigt sich deutlich genug an dem Ausdruck, womit der schlesische Adelige im 18. Jahrhundert bezeichnet wird: „Erb- und Gerichtsherr", das heißt Herr von Erbunterthanen und Inhaber des Gerichts; und der Herr von Erbunterthanen ist zugleich der Grundherr.

15. Das niederschlesische Kolonialland hat, im Vergleich zum übrigen Osten, folgende Besonderheiten: der gutsherrliche Betrieb ist nicht sehr groß; es giebt sehr viele Bauern; ihre

Besitzrechte, sowie die der kleinen Leute, sind sehr gut; die bäuerlichen Fronden haben nur geringen Umfang.

Es ist nicht schwer, alle diese Erscheinungen gemeinsam zu erklären.

Offenbar haben wir es hier mit einer altertümlichen Verfassung zu thun, die in der Hauptsache den Übergang von der Grundherrlichkeit zur Gutsherrlichkeit nur halb vollzogen hat. Der letzte Schritt, der in der Uckermark, in Pommern und ähnlichen Landesteilen geschehen ist, ist in Niederschlesien nicht geschehen. Freilich ist es auch keine reine Grundherrlichkeit mehr, denn es findet bereits ein mäßiger Eigenbetrieb der Herrschaft statt. Aber dieser Betrieb hat sich nicht durch massenhaftes Einziehen von Bauernland ausgedehnt, wie es in jenen anderen Landesteilen besonders nach dem dreißigjährigen Kriege der Fall war. Daher große Zahl der Bauern, gutes Besitzrecht, geringe Fronden.

16. Warum aber giebt es in Niederschlesien Dreschgärtner und in den anderen östlichen Provinzen nicht? Dies ist aus der allgemeinen Anschauung der Dinge, die oben vorgetragen ist, nicht erklärbar. Es muß hier ein anderer Grund noch hinzukommen.

Zunächst ist es gar nicht wunderbar, daß der Dreschgärtner im östlichen Teil von Oberschlesien fehlt. Oberschlesien ist heute noch slavisch, es ist nicht mit deutschen Dorfbewohnern besiedelt worden. Der oberschlesische Grundherr, auch wenn er ein Deutscher war, hat es mit slavischen Bauernschaften zu thun, von denen er Dienste — von den größeren Bauern Spanndienste, von den kleineren Leuten Handdienste — fordert, wie man aus dem Verhältnis der oben erwähnten Robotgärtner sieht. In Niederschlesien war es anders.

Ich denke mir da den Dreschgärtner entstanden bei der Besiedelung mit Deutschen. Damals siedelte man, wie ich glaube, hauptsächlich größere deutsche Bauern an, von denen ganz gewiß die auch im Westen üblichen Spanndienste an die Gerichtsherren gefordert wurden. Das mag damals für den sehr wenig umfangreichen eigenen Betrieb der Herren ausgereicht haben, was Spanndienste betrifft. Die Handdienste ließ man sich wohl von den verdrängten slavischen Urbewohnern leisten, die doch ebenfalls unterzubringen sind. Aus ihnen, und später aus den überschüssigen deutschen Bauernkindern, die ja nicht alle einen Hof erhalten konnten, denke ich mir die Dreschgärtner entstanden: sie treten in eine höchst bescheidene, aber völlig gesicherte und geschützte Stellung in der Wirtschaft des Herrn ein. Da man anfangs ihrer nur wenige brauchte, so könnte man sie wohl auch ganz aus nachgeborenen Bauernkindern deutscher Abkunft hervorgehen lassen, die ja auch erst im Laufe der Zeit, bei dichter werdender Bevölkerung, sich darboten. Nur glaube ich nicht, daß der fügsame Slave ganz vertilgt oder völlig aus dem Lande verdrängt wurde: ich möchte ihm in dieser untergeordneten Stellung einen Ausweg offen lassen, wobei er, im deutschen Dorfe wohnen bleibend, zugleich unfehlbar zum Deutschen wird[1].

Aber, so wird man einwenden, wenn der Dreschgärtner bei der Kolonisation entsteht — weshalb ist er dann in Brandenburg, in Mecklenburg, in Pommern und in anderen Ländern, die vollständig mit Deutschen besiedelt worden sind, nicht ebenfalls entstanden? Zugegeben, daß im 16. Jahrhundert diese Länder alle, bei noch unentwickelter Gutsherrschaft, sehr ähnliche Zustände gehabt haben, wie Niederschlesien noch im achtzehnten Jahrhundert, so hat man doch gerade von Dreschgärtnern in Brandenburg, Mecklenburg, Pommern meines Wissens auch in älterer Zeit durchaus keine Kunde.

Es giebt also vollständig deutsch gewordene Kolonialländer, die sich, auch in der ältern Zeit, vor Ausdehnung der Gutswirtschaft, bei sonstiger großer Ähnlichkeit dadurch unterscheiden, daß es Dreschgärtner giebt — wie in Niederschlesien — oder nicht giebt, wie in Brandenburg, Mecklenburg, Pommern.

---

[1] In Bezug auf die Dreschgärtner verdankt man sehr viel Aufklärung auch dem Werke von Max Weber, Verhältnisse der Landarbeiter im ostelbischen Deutschland, Leipzig 1892, besonders S. 495. (Schriften des Vereins für Socialpolitik Bd. 55.)

In den letztgenannten Ländern werden natürlich auch Handdienste verrichtet, aber von Kossäten, von Büdnern, Häuslern und Kätnern; sie alle sind Erbunterthanen, wie ja auch die Bauern, aber die patriarchalisch-gemütliche Einrichtung erblicher Stellen für Gutsarbeiter mit Ertragsbeteiligung ist nicht da. Ich halte das Dreschgärtnerwesen für eine ganz besonders fürsorgliche, wohlwollende Ordnung der Handdienste, innerhalb der alten, noch halbgrundherrlichen Verfassung. Und es fragt sich also: was ist der Grund, daß dies Wesen in Preußen auf Niederschlesien beschränkt ist, während es außerhalb Preußens auch in Kursachsen vorkommt?

Vielleicht hilft uns die oben geschilderte geographische Verbreitung der Dreschgärtner auf die richtige Spur.

Diese beiden Länder sind von Thüringern und Franken kolonisiert; sie gehören also beide dem oberdeutschen Sprachgebiete an. Die Grenze des oberdeutschen Sprachgebietes läuft fast genau dem 52. Grad nördlicher Breite entlang und greift nur an der Oder ein wenig nördlicher aus, um gerade noch die Kreise Schwiebus und Züllichau zu umfassen [1]. Die nördliche Grenze des Dreschgärtnerwesens fällt also genau zusammen mit der nördlichen Grenze der oberdeutschen Mundart. Brandenburg, Mecklenburg, Pommern hingegen gehören ins niederdeutsche Sprachgebiet.

Dies ist gewiß kein Zufall. Der Niederdeutsche hat sich von jeher durch Kraft und Härte vor dem Oberdeutschen ausgezeichnet. Der Oberdeutsche hat mehr Verständnis für die Lage seines Nebenmenschen. Alle oberdeutschen Arbeiterverhältnisse sind — auf dem Lande — weniger drückend, sie sind in der That gemütlicher (denn dies Wort ist hier gar nicht zu umgehen). Eine Schöpfung wie das Instenverhältnis im östlichen Niederdeutschland ist auf oberdeutschem Boden psychologisch unmöglich. Wie es der Oberdeutsche im gegebenen Falle macht — das sieht man an den Dreschgärtnern!

---

[1] Vgl. R. Andree und O. Peschel, Physikalisch-statistischer Atlas des Deutschen Reiches, Erste Hälfte, Leipzig 1876, Blatt 10.

Hier hätten wir eine Thatsache der geographischen Verbreitung gewonnen, die geeignet ist, A. Meitzens höchst wichtige Untersuchungen dieser Art zu ergänzen.

Fassen wir nochmals alles zusammen: Niederschlesien ist Kolonialland, auf dessen Boden die mittelalterliche ländliche Verfassung noch im 18. Jahrhundert deutlich erkennbar ist.

Das Koloniale macht den Unterschied gegen den Nordwesten; der geringe Umfang des Gutsbetriebs begründet den Unterschied gegen den übrigen Osten; die Arbeitsverfassung bildet den Unterschied des oberdeutschen gegen den niederdeutschen Nordosten.

# Die Bauernbefreiung in Österreich und in Preußen.

**Vortrag,**

gehalten in der Juristischen Gesellschaft zu Wien am 3. Januar 1894.

Die Gesinnung der Monarchen des 18. Jahrhunderts ist, wie bekannt, bauernfreundlich, etwa in dem Sinne, wie heutigen Tages die Monarchen anfangen, ihr Wohlwollen den Arbeitern zuzuwenden. Die socialpolitische Stimmung von damals findet ihren bündigsten Ausdruck in folgenden fürstlichen Worten:

„Wo die Unterthanen, in was es sei, wider Billigkeit hart „gehalten und unterdrückt werden, sine respectu per- „sonae, wer es auch sei, soll ernstlich abgestraft werden.“

Man hört es diesem holprigen Satze an, daß er in den Jahren 1730 bis 1740 geschrieben sein muß; und wer preußische Sachen zu lesen gewohnt ist, erkennt sofort den Stil Friedrich Wilhelms I., den barschen Ton, den der Vater Friedrichs des Großen an sich hatte. Und in der That, der Satz stammt aus dem Jahre 1736; aber der ihn schrieb, war nicht der Vater Friedrichs des Großen, sondern der Vater Maria Theresias; es war kein Hohenzoller, sondern es war der letzte Kaiser aus dem Hause Habsburg, Karl VI.

Woher kommt wohl diese überraschende Ähnlichkeit? Zum Teil daher, daß es einen gemeindeutschen Kanzleistil giebt, dessen man sich in Böhmen wie in Brandenburg bediente und der allerdings im Süden oberdeutsche, im Norden plattdeutsche Beimischungen hat; vielleicht auch daher, daß es im 18. Jahrhundert ein geistiges Gesamtdeutschland giebt; beide an der östlichen Grenze liegenden Monarchien schöpfen daraus ihre geistige Nahrung. Und endlich — damit wir die Hauptsache nicht vergessen: beide Monarchien haben die östlichen Zustände gemeinsam, über die sich die Vertreter beider Dynastien gleichmäßig ereifern.

Von den Kronländern der Habsburger sind es übrigens nur drei, auf die sich unsere Aufmerksamkeit richtet: Böhmen, Mähren und Schlesien. Wir übergehen mit Fleiß die Alpenländer sowohl, als auch die Erzherzogtümer Ober- und Niederösterreich, weil sie eine andere sociale Beschaffenheit haben, und beschränken uns auf die drei genannten Länder der böhmischen Krone. Denn die Länder Böhmen, Mähren und Schlesien — wenn man sie vom Standpunkte der ländlichen Verfassung betrachtet — sind nichts weiter als das südlichste Stück derjenigen Ländermassen, die den agrarischen Osten Deutschlands bilden; sie erscheinen nur als eine Fortsetzung, über die politischen Grenzen hinaus, von dem was auch die östlichen Provinzen Preußens darbieten. Der ganze Osten, diesseit und jenseits der Sudeten, hebt sich hervor als Standort des herrschaftlichen Gutsbetriebes; Gutsherr und Bauer, Junker und Unterthan sind die Gegensätze, die da alles beherrschen, sobald man sich östlich des Böhmerwaldes oder der Elbe befindet, gleichgültig ob in Österreich oder in Preußen.

Die Gleichheit der Zustände, insbesondere die Knechtschaft des Bauernstandes, schafft für beide Monarchien die gleiche Aufgabe: dort wie hier war eine Bauernbefreiung nötig. Wie ist diese Aufgabe hier, wie ist sie dort gelöst? Wie erscheinen dabei die habsburgischen, wie die hohenzollerischen Herrscher? Wie bewähren sich, nach dieser einen Probe beurteilt, die Verwaltungen des einen und die des andern Reiches? Das sind die Fragen, die uns heute beschäftigen sollen[1].

[1] Vgl. für Österreich: Karl Grünberg, Die Bauernbefreiung und die Auflösung des gutsherrlich-bäuerlichen Verhältnisses in Böhmen, Mähren und Schlesien. 2 Bände, Leipzig, Duncker & Humblot, 1893 u. 1894; für Preußen: G. F. Knapp, Die Bauernbefreiung und der Ursprung der Landarbeiter in den älteren Teilen Preußens, 2 Bände, Leipzig 1887. Ferner von demselben: Die Landarbeiter in Knechtschaft und Freiheit, Leipzig 1891.

Ich folge dabei, was Österreich betrifft, dem neuen Werke des Herrn Dr. Karl Grünberg in Wien. Die Neuheit der Quellenaufschlüsse, die unerwarteten Einblicke in die verwickelte Natur der habsburgischen Monarchie, die reiche Ausbeute auch für die gesamtdeutsche Geschichte machen das Werk für den Historiker wertvoll; dabei ist die Darstellung ganz von juristischem Geiste durchweht; sie liefert sozusagen nachträglich die Jurisprudenz der älteren ländlichen Verfassung, und bringt dadurch auch für Deutschland eine Bereicherung der Wissenschaft.

Indessen ist es nicht der juristische, sondern der politische Inhalt, dem wir heute nachgehen. Mit ganz bewußter Einseitigkeit vergleichen wir dabei nicht die Staaten als solche, sondern Staaten und Männer nur soweit, als sie bei dem Geschäfte der Befreiung hervortreten. —

Alles was über die Länder der böhmischen Krone berichtet wird, erinnert den preußischen Leser sofort an Oberschlesien: es ist da wie dort ein gemeinsamer Zug zum Großartigen vorhanden. Nicht einzelne Rittergüter mit bescheidenem Betrieb unter dem Auge des Herrn (wie es in der Mark Brandenburg und in Pommern sich so oft findet), sondern ungeheuere Herrschaften, dem höheren Adel angehörig, in viele Gutsbezirke zerfallend; an der Spitze des Betriebes nicht der Edelmann selbst, sondern ein harter Verwalter. Man denkt an die Namen Waldstein, Kinsky, Sternberg und man hört von Gutsbeamten, die mit der Peitsche in der Hand auftreten und daher Karabatschniki genannt werden[1]. Und man denkt an den unbezähmbaren Hussitengeist, wenn man liest, daß im Jahr 1679 bis 1680 ein großer Bauernaufstand gewütet hat: sie schicken Abgeordnete nach Prag, um dem Kaiser vorzustellen, daß der Grundherr dem Bauern nur das nackte Leben in Hunger und Elend lasse[2], und da dies nichts hilft, steht das Landvolk im Norden und Osten Böhmens auf, und erst den Generalen Piccolomini und Harant

[1] Grünberg, I 107.
[2] Derselbe, I 128.

gelingt es[1], mit Waffengewalt wieder Ruhe zu stiften. Von den ergriffenen Übelthätern wurden 99 zum Tode verurteilt, von diesen allerdings 44 begnadigt, aber 55 in der That gerädert, gehängt, gevierteilt oder geköpft.

An diesen Vorfall, dem nichts aus Norddeutschland an die Seite gestellt werden kann, knüpfen sich die sog. Robotpatente an. Robot ist das slavische Wort für Frone; Robotpatente sind Gesetze, die den Frondienst ordnen; mit ihnen beginnt der Staat seinen Eingriff in das Gebiet der gutsherrlich-bäuerlichen Verhältnisse. Es giebt Robotpatente von 1680, von 1717, von 1738, von 1775: öfters wiederholt, und immer strenger werdend, ordnen sie an, wieviele Tage in der Woche, an welchen Stunden des Tages gefront werden darf und ob es mit oder ohne „Ergetzlichkeit" geschehen soll. Merkwürdig früh, dieser Eingriff! denn in Preußen kommen ähnliche Regelungen doch erst unter Friedrich dem Großen, also gut 60 Jahre später vor. Hierin hat Österreich einen weiten Vorsprung. Indessen wenn es auch ein merkwürdiger Eingriff des Staates ist, so ist es doch nicht der Anfang der Befreiung; im Gegenteil, die Patente bergen die Gefahr in sich, die Fronverfassung zu verallgemeinern; und mehr noch, wie Grünberg so treffend bemerkt: indem die Mißbräuche eingeschränkt werden, wird der Frondienst selbst nicht etwa erschüttert, sondern befestigt, da er erträglicher wird. Es ist nicht Einführung einer neuen, sondern Ausflickung der alten Arbeitsverfassung. Die Robotpatente haben ihre Stellung nicht eigentlich in der Bauernbefreiung, sondern in der Geschichte der Arbeiterschutzgesetzgebung: denn der damalige Bauer ist ja zugleich gutsherrlicher Arbeiter.

Ganz ähnlich steht es mit den Urbarien, die in Österreich ebenfalls sehr früh vom Staate neu geordnet werden. Es sind bekanntlich Aufzeichnungen dessen, was der Bauer, und zwar jeder einzelne, an seine Gutsherrschaft zu leisten hat. Anfangs wollte man nur Urkunden darüber herstellen, was jedes Ortes

---

[1] Grünberg, I 129.

jeweils herkömmlich sei; es sollte die schriftliche Überlieferung an Stelle der mündlichen treten. In diesem Sinne war um 1768 eine Kommission thätig, in welcher aber sehr bald ein völliger Umschwung eintrat durch die Thätigkeit des Amtsrates Franz von Blanc. Dieser merkwürdige Mann, von dem die Nachschlagebücher gar nichts melden, stammte aus Vorderösterreich und war im Besitze der Universitätsbildung seiner Zeit, zugleich aber auch von jener Gesinnung erfüllt, die den Beamten über die niedrige Stufe des staatlichen Schreibers hinaushebt: er brannte vor Begier, durch die Mittel des Polizeistaates das Gute zu verwirklichen. Aufzeichnung geltender Rechtsgewohnheiten in Urbarien erschien ihm kleinlich: „Nicht was gilt, fragt er, sondern was gelten soll. Und was er sodann vorschlägt, begründet er nicht nur durch den Hinweis auf die Zweckmäßigkeit, sondern auch damit, daß das Zweckmäßige von der Natur verlangt werde. Kein erworbenes Recht könne sich demgegenüber behaupten. Denn über allen Titeln des positiven Rechts stehe das Recht der Natur[1]." Die Revolution hält ihren Einzug, nicht im Sinne des Umsturzes der Staaten, wohl aber im Sinne des Umsturzes der Ideen.

Gleichwohl ist unverkennbar, daß auch die Urbarien nicht eigentlich die Grundlage der alten ländlichen Verfassung zerstören, sondern dieselbe nur polizeilich neu regeln: wodurch alle Übelstände, staatlich beleuchtet, neu zur Sprache kommen und sichtbarer, vor allem aber fühlbarer werden — und statt Frieden und Ruhe zu stiften, nährt man eher den Streit. Zur Befreiung selbst gehören auch sie nicht, sie bilden nur eine Vorstufe dazu.

Robotpatente und Urbarien mußten in Österreich, wo der Staat früher eingriff, gleichsam als Vorübungen abgemacht werden; eine rühmliche Lehrzeit, nützlich auch für die Nachbarstaaten, war hier erst zu erledigen. Beides ist in Preußen später auch versucht worden, hat aber daselbst die grundlegende Be-

[1] Grünberg, I 169.

deutung nicht. Beide Maßregeln sind dann etwas zu wenig beachtet geblieben; erst jetzt sind sie in die ganz neue Beziehung gesetzt zu den heutigen Versuchen des Arbeiterschutzes: wir haben in ihnen die polizeiliche Regelung einer früheren ländlichen Arbeitsverfassung vor uns!

Übrigens ist das Verzeichnis der Quälereien und Schindereien der Bauern[1] durch die Gutsherren in den Ländern der böhmischen Krone etwas reichhaltiger als in Norddeutschland. Der Gutsherr hält es für selbstverständlich, daß der Bauer alles was er kauft, bei ihm, dem Herrn, kaufe; die käuflichen Gegenstände, genannt Feilschaften, wurden den Bauern aufgedrängt: der Bauer mußte sonst unverkäufliches Vieh dem Gutsherrn abnehmen; ebenso Fische, Geflügel, Butter; ehe es verdirbt, weil kein Käufer da ist, muß der Bauer her, ob er will oder nicht, und muß für diese Feilschaften Geld bezahlen; den Anlaß bietet vor allem das Kindelbier, wenn im Hause des Bauern getauft worden ist, und die Sterbemahlzeit bei Todesfällen. Umgekehrt wird ein ähnlicher Zwang ausgeübt; wenn der Bauer was brauchbares im Hause hat, etwa gutes Vieh, wohlgeratene Gerste oder Flachs — so kommt die Obrigkeit und nimmt es ihm gegen Bezahlung ab, natürlich unter eigenmächtiger Preisbestimmung. Dies ist die Abdrückung unterthäniger Feilschaften. Beide Einrichtungen sind hervorstechende Eigentümlichkeiten, die sich, wie gesagt, in Preußen nicht finden.

Freilich, ganz oben im Norden gehts auch wieder viel ungezwungener her; in Holstein, Mecklenburg, Vorpommern finden sich schüchterne Versuche wahren Verkaufs[2] von Erbunterthanen. Diese Länder waren aber damals nicht preußisch, und unter preußischer Herrschaft findet sich dergleichen nicht, ebenso wenig wie unter österreichischer: denn ernsthafte deutsche Monarchen lassen solche Seitensprünge nicht aufkommen: das ist nur in Junkerrepubliken möglich. —

---

[1] Grünberg, I 42—44.

[2] Knapp, Landarbeiter, S. 23 flg. nach C. J. Fuchs.

Wüßte man nur genau, wie es im Nordosten mit dem Rechtsschutze der unterthänigen Bauern aussah! Aus dem 16. Jahrhundert[1] ist es bekannt, wie der Zugang zum Gerichte des Landesherrn den Bauern in der Mark Brandenburg erschwert wurde; und noch 1763 halten es die pommerischen Junker — im Staate Friedrich des Großen — für ganz undenkbar, daß der Bauer ordentliche Prozesse gegen seine Gutsherrschaft führe[2].

In den Ländern der böhmischen Krone war es anders. „Die Unterthanen konnten ihre Grundherren ohne weiteres vor Gericht sowohl als auch vor den Verwaltungsbehörden belangen[3]". Der Anspruch auf Rechtsschutz war ihnen niemals genommen. Ja es gab sogar staatlich besoldete Unterthansadvokaten in Schlesien und in Mähren; und wenn auch dies alles praktisch genommen nicht viel hilft, so bleibt es doch ein ehrenvoller Zug in der Geschichte dieser Monarchie, daß der Unterthan immer seinen Herrn vor Gericht ziehen konnte.

Und doch im ganzen stärkere Mißbräuche als in Preußen! Es ist eben in Österreich viel Gutes besser, aber auch viel Schlimmes schlimmer als bei uns. —

Man erkennt gerade auf österreichischem Boden ungemein leicht den Ursprung des staatlichen Bauernschutzes: lange bevor die Menschlichkeit zu Worte kommt, redet für den Bauern das Steuerinteresse. Seit dem dreißigjährigen Kriege hat sich die Grundsteuer ausgebildet, die wesentlich auf den bäuerlichen Ansässigkeiten liegt. Der Staat hat also ein Interesse daran, daß diese Bauerngüter für die Steuerkasse nicht verschwinden. Die Grundsteuer muß daher eine dingliche sein: gleichgültig wer das Land unter dem Pfluge hat, muß gleichsam das Land die Steuer tragen. So ist es in Mähren z. B. bereits 1669[4].

---

[1] Knapp, Bauernbefreiung, I 43.
[2] Derselbe, I 57. II 55.
[3] Grünberg, I 30.
[4] Grünberg, I 123.

Von Bauern selbst ist hier noch keine Rede, sondern nur vom Gute, das mit bäuerlichen Steuern behaftet ist.

Wenn aber nun der Bauer durch seinen Gutsherrn überlastet wird, so ist die erste Folge für den Staat: der Steuerausfall. Das ist der Grund, weshalb der Staat ursprünglich dafür sorgt, daß dem Bauern nicht zu hohe Fronen zugemutet werden. Und aus dem gleichen Grunde verbietet der Staat den Erwerb von bäuerlichem Lande durch den Gutsherrn: nicht wegen der Grundsteuer des eingezogenen Landes, denn die bleibt, da sie dinglicher Natur ist; sondern wegen der Grundsteuer der übrig bleibenden Bauerngüter: diese bleibt zwar als Schuldigkeit ebenfalls, aber sie gerät leicht in Rückstand, weil die geringere Zahl der übrig bleibenden Bauern weit höhere Fronen leisten soll.

Österreich und Preußen haben daher gleichmäßig den Grundsatz: Bauerngüter dürfen von der Gutsherrschaft nicht eingezogen werden. Es ist dies der sogenannte Schutz des Bauernlandes; beiderseits unabhängig entstanden, wie man bei dieser Sachlage leicht versteht. Friedrich der Große hat 1749, als er ihn in Schlesien einführte, auf die früheren Versuche dieser Art „unter der vorigen Regierung", d. h. also unter österreichischer Herrschaft, hingewiesen[1]; und im Rate der Maria Theresia berief man sich, etwas später, auf den Vorgang Preußens[2], und nahm die Einrichtung 1769[3] endgültig an. Wenn wir aber auch in Preußen den Anfang dieser Einrichtung ins Jahr 1749 setzen — also 20 Jahre früher als in Österreich —, so sieht doch jedermann, daß Österreich auf der anderen Seite im Vorteil bleibt durch die weit längere Dauer des Bauernschutzes im engeren Sinne des Worts. In Preußen hörte der Schutz bereits 1816 völlig auf, dauerte also allerhöchstens von 1749 bis 1816; in Österreich hörte der Schutz erst 1848 auf, dauerte

[1] Knapp, II 46.
[2] Grünberg, I 246.
[3] Derselbe I 253.

also von 1769 bis 1848. Indessen kommt es auf die Jahreszahlen nicht an. Es fragt sich vielmehr: hat der Schutz des Bauernlandes so lange gedauert, bis die großen Reformen der ländlichen Verfassung durchgeführt waren? Dies war in Österreich der Fall. Aber in Preußen war es nicht der Fall; da hat man die Schutzwehren des bäuerlichen Besitzes vorzeitig weggeräumt und die späteren Stufen der Bauernbefreiung sind daher gekennzeichnet durch bedeutende Landverluste des Bauernstandes, durch starkes Anwachsen des Landes in Händen der Gutsherren. Das geschah durch den Einfluß der Gutsherren auf die gesetzgebenden Mächte. In Österreich haben die Gutsherren zwar vieles verzögert, anderes verhindert; aber in entscheidenden Augenblicken den Gang der Gesetzgebung so ganz zu ihrem Vorteil zu drehen, das haben nur die preußischen Gutsherren durchgesetzt. Der vielgerühmte Bauernschutz hat seine wahre Stätte der Wirksamkeit — in Österreich.

Indessen gehört der Schutz des Bauernlandes ebenfalls zu den vorbereiteten Maßregeln, geradeso wie Robotpatente und Urbarien. Die Hauptsache beginnt für uns erst mit der wirklichen Befreiung der Bauern.

Da kommen denn wahrhaft bedeutende Versuche bereits unter Maria Theresia, nach dem siebenjährigen Kriege, vor.

Der Bauer fängt damals an, als eine Art von Mensch zu gelten; er hat ein Recht auf die freie Entfaltung seiner wirtschaftlichen Kräfte, er muß um seiner selbst willen, nicht nur um des Fiskus willen, geschützt werden. Am liebsten sähe die Kaiserin alle Bauern als freie Leute, und alle Fronen aufgehoben (sie drückt dies im Kauderwelsch des Hofes so aus[1]: „lever die Leibeigenschaft et les corvées"), aber sie erkennt, daß es vorläufig für sie als Landesherrin rein unmöglich ist, den Widerstand der privaten Gutsherren zu besiegen. Aber wie, wenn sie das, was sie als Landesherrin nicht kann, nunmehr

[1] Grünberg, I 276.

als „Grundfrau“ thäte, d. h. in ihrer Eigenschaft als Grundherrin auf den Domänen; die Wohlthat würde dann freilich nur einen Teil der Bauern treffen, aber das große Beispiel wäre gegeben, es wären die Kronbauern gerettet — die Privatbauern würden früher oder später davon Vorteil ziehen. Aus diesen Erwägungen heraus wurden vom Jahre 1776 ab die böhmischen und von 1778 ab auch die mährischen Damanialbauern in eine völlig neue Verfassung gebracht[1], nach dem System und unter Führung des eigens hierzu ernannten Oberdirektors Raab. Daß hiervon bisher so wenig bekannt war, ist ebenso erstaunlich wie das tiefe Dunkel, in das die preußischen Domanialbauerreformen bis vor kurzem gehüllt geblieben sind: eine Folge offenbar der völligen Verborgenheit, in der die damalige Verwaltung wirkte, ob sie nun Sünden beging oder Wohlthaten stiftete. Jetzt erst hat dies völlig vergessene Ereignis seine Würdigung gefunden.

Das Raabische System der Domanialreform geht von der Thatsache aus, daß auch auf den Domänen Gutswirtschaften vorhanden sind, sogenannte Meierhöfe, deren Äcker durch die Fronen der daneben noch bestehenden Domanialbauern bestellt werden. Diese Bauern sind ebenso, wie die Privatbauern, Erbunterthanen; der Unterschied von anderen gutsherrlichen Betrieben besteht überhaupt nur darin, daß hier die Grundherrschaft zufällig dem Landesherrn zusteht.

Raab hat nun in der That das Übel an seiner tiefsten Wurzel angefaßt; er sagt: lösen wir die königlichen Meierhöfe ganz auf; wenn kein Gutsbetrieb mehr stattfindet, dann brauchen wir ja die bäuerlichen Fronen nicht — also können sie wegfallen; und da auch keine Gesindedienste mehr erforderlich sind, so können wir auch die ganze Anstalt der Erbunterthänigkeit entbehren! Die Äcker, die früher vom Meierhof aus als herrschaftliches Gut bewirtschaftet worden sind, zerschlagen wir in kleine bäuerliche Güter, und auf jedes so entstehende neue Bauerngut setzen wir

[1] Grünberg I 307.

einen neuen Bauern als Erbpächter ein. Dann sind erstens alle Domanialbauern frei; ferner wird, ganz im Sinne der Theoretiker des 18. Jahrhunderts, der Kleinbetrieb weiter ausgedehnt, es giebt also mehr Bauern; und endlich leidet darunter nicht einmal der Domänenfiskus, denn die jährlichen Zinsungen der neuen Erbpächter bieten reichlichen Ersatz für das, was früher aus den Meierhöfen einging. Raab aber sagte dies nicht nur, sondern er ging hin und thats.

Hier wird nun jeder Kenner sagen: was Raab 1775 wollte, dasselbe hat ja in Preußen im Jahr 1703 schon Luben seinem König angeraten[1]. Er hat sogar damals die Ausführung bereits begonnen — aber all dies ist wieder rückgängig gemacht worden. Im Entwurf erscheint diese Umformung in Preußen 72 Jahre früher (und nach Lage der Zeit mehr von fiskalischem Interesse hervorgerufen); aber das Wiederauftauchen in Österreich ist erstens mehr socialpolitisch als fiskalisch begründet, dann aber, und das ist die Hauptsache: die kühne Neuerung ist in Österreich nicht nur versucht und dann zurückgelegt worden, sondern sie ist — in Bezug auf die Domanialbauern — wirklich vollzogen. —

Friedrich Wilhelm III kam ums Jahr 1798 in dieselbe Lage, in der Maria Theresia ums Jahr 1775 gewesen war: gescheitert, wie er mit seinen umfassenden Befreiungsplänen war, beschließt er, sich zunächst ganz mit den Domanialbauern zu beschäftigen, und er hat nun auf diesem engeren Gebiet den unbestreitbarsten Erfolg; aber der preußische König thut es um mindestens 20 Jahre später; und er greift bei weitem nicht so tief ein. Denn in Preußen bleibt die Gutswirtschaft auf den Domänen bestehen; nur eine andere Arbeitsverfassung wird eingeführt, so daß der Bauer dienstfrei und überhaupt ein freier Mann wird, mit Tragung einiger Lasten, um „das Amt“ für den Ausfall zu entschädigen; aber von neu angesetzten Bauern ist hierbei nicht die Rede. Auch das, was Friedrich der Große

[1] Knapp, I 81.

1777 gethan hat, nämlich Erblichmachung des Besitzes der Domänenbauern[1], war zwar höchst wichtig und zweckmäßig, läßt sich aber an Schneidigkeit nicht vergleichen mit dem Raabischen System Maria Theresias, das noch dazu 1775, also zwei Jahre früher, begann und 1777 bereits allgemein eingeführt wurde.

Wenn unter Maria Theresia der Reformeifer etwas patriarchalisch-gutmütiges hatte, so wächst unter Joseph II die Aufklärung, die Schwärmerei für die Menschenrechte, zur Leidenschaft empor und es wird auf dem Thron als Schimpf und Schande empfunden, daß es noch Bauern ohne Freiheit, ohne Eigentum giebt. Die Zeit der Robotpatente mit ihrer zaghaften Regelung einer veralteten Arbeitsverfassung lag damals weit zurück. Der Kaiser Joseph will nicht das Alte, auch wenn es nach Maß und Art der Leistung verbessert ist; er will etwas Neues, und daß dies ein Umsturz ist, das gerade reizt ihn daran, das ist für ihn der eigentliche Herrschergenuß.

Vor allem vernichtet er die Erbunterthänigkeit. Die Hauptwirkung davon ist, daß nun auch die Privatbauern frei werden — denn die Domänenbauern sind es bereits in ihrer Mehrzahl oder ganz. Und das hat Kaiser Joseph bereits im Jahre 1781 gethan, acht Jahre vor dem Ausbruch der französischen Revolution. Was damals aus Frankreich herüberleuchtete, war nicht der Widerschein einer ungeheueren Feuersbrunst — sondern ein kleiner heller Stern, der schon eine geraume Zeit am Himmel stand. Dieser Stern war Voltaire.

Joseph bediente sich dabei, wie schon seine Mutter gethan hatte, eines kleinen höchst verzeihlichen Kunstgriffes, der auch anderwärts sehr wirksam war: das Rechtsinstitut, das ihnen so zuwider ist, die Erbunterthänigkeit, wird von den Fürsten mit einem Namen belegt, der es ganz anders erscheinen läßt als es war, mit einem Namen, der es verächtlich macht: das was sie abschaffen wollen, nennen sie in diesem entscheidenden Augenblick

[1] Knapp, I 89.

Leibeigenschaft. Leibeigenschaft hieß aber damals (abgesehen von einem mittelalterlichen Rechtsinstitut im westlichen Deutschland, das höchst unbedeutend war) auch die Sklaverei — und so haben denn die Fürsten, aus ehrlichem Eifer für die Zukunft ihrer Länder, doch die Vergangenheit derselben so zu sagen ein wenig verleumdet — denn die Erbunterthänigkeit, wenn auch ein Status der Unfreiheit, war ganz und gar nicht Sklaverei; sie fesselte den Bauer an das Gut des Herrn, aber nicht an die Person des Herrn; sie gestattete ferner dem Bauer Vermögenserwerb, was die Sklaverei nicht thut.

Der Name Leibeigenschaft war fremd auch in den Ländern der böhmischen Krone, als Joseph II. ihn gebrauchte, um das abzuschaffen, was schlechterdings Erbunterthänigkeit war. Es gehört die ganze Sorglosigkeit der neueren Rechtsgeschichte dazu, um aus dem Namen heraus auf die Sachen zu schließen. Der Sache nach war es so[1]:

Das berühmte Patent Josephs II. vom 1. November 1781 verordnet:

1. von nun an dürfen sich die Unterthanen verheiraten, ohne daß die Obrigkeit um Erlaubnis gefragt wird; es ist vielmehr nur vorgeschrieben, die Verehelichung anzuzeigen;
2. der Unterthan darf ohne weiteres ein Handwerk erlernen, oder auch sich den Künsten und Wissenschaften widmen, ohne besondere Erlaubnis;
3. er darf aus dem Gutsbezirk sogar gänzlich wegziehen und sich anderswo häuslich niederlassen;
4. die Zwangsgesindedienste der Unterthanen werden aufgehoben.

Mit andern Worten: der bisherige Erbunterthan ist ein persönlich freier Mann. Der eigenartige Status der Unfreiheit ist aufgehoben, die Erbunterthänigkeit giebt es nicht mehr; denn gerade auf diesen jetzt aufgehobenen Verpflichtungen beruhte sie.

[1] Grünberg, I 286.

In der That, dem Inhalte nach ist zwischen der Maßregel Josephs II. von 1781 und der Maßregel Friedrich Wilhelms III. von 1807 kein Unterschied; nur das Datum liegt für Österreich um 26 Jahre früher. In Preußen kam man erst dazu, als die französische Revolution von 1789 bis 1804 ganz Europa in atemlosem Staunen gehalten hatte; ja, es war noch nötig, daß der Held, der aus jenem Wirrwarr aufgetaucht war, in einem unerhört glücklichen Feldzuge 1806 bis 1807 die Monarchie Friedrichs des Großen niederwarf und in Stücke schlug. Und in Österreich gelang es Joseph II., als das Staatensystem des 18. Jahrhunderts noch unerschüttert war, als noch niemand von französischen Siegen etwas wußte, als die Generalstände Frankreichs nur den Altertümlern bekannt waren, als der Abbé Siéyès den „dritten Stand" noch nicht aus dem Schlafe geweckt hatte. Es ist diese That des jugendlichen Lothringers, so weit ich weiß, der größte Erfolg des aufgeklärten Despotismus; mag der Herrscher sonst manchmal übereilt gehandelt haben: in dieser Sache hat er sich eine welthistorische Bedeutung gesichert, denn in Österreich wurde die Erbunterthänigkeit zuerst beseitigt.

Andere Schritte hat der Kaiser allerdings wieder zurückthun müssen. Der ganze weitere Ausbau seiner bäuerlichen Reformen, fast alles was über die Aufhebung der Unterthänigkeit von 1781 hinausging, war von so kurzem Bestande, daß es ohne nachhaltige Wirkung blieb. Das ist so bekannt, daß es fast für selbstverständlich gilt, daß josephinische Reformen mißlingen. Aber man bedenke daneben auch dies: was dem Kaiser Joseph mißlang, ist im Laufe des 18. Jahrhunderts überhaupt niemandem gelungen. Was er nicht konnte, das haben die anderen auch nicht fertig gebracht. Es liegt nicht so, daß etwa andere mit ihrer Mäßigung mehr erreicht hätten, als er mit seinem Übereifer, sondern es liegt so: durch seinen Übereifer hat Joseph zwar nicht alles, aber doch weit mehr erreicht, als andere mit ihrer Mäßigung.

Kein Wunder — möchte man hier einwerfen — denn im Jahre 1781 war Friedrich der Große alt und gebrechlich, am

Ende eines Heldenlebens stehend, geistig einsam und greisenhaft kühl. Jung und feurig wie Joseph mußte man sein, um damals das Losungswort des scheidenden Jahrhunderts aufzugreifen; nur ein Jüngling konnte sich vermessen, auf diesem Weg der Mann seiner Zeit zu werden, der Weltbeglücker, der vom Thron aus die Freiheit gründet.

Indessen liegt der Unterschied doch tiefer; der Greis in Sanssouci brauchte sich durch seinen Bewunderer an der Donau keineswegs übertrumpft zu fühlen: nach dieser Palme hatte der preußische König nie gerungen. Beim Lesen des josephinischen Gesetzes hätte vielleicht der philosophische Schriftsteller in ihm wohlwollend gelächelt, aber der herrschverständige König in ihm wäre von Satz zu Satz bedenklicher geworden. Denn hier wird ja die Gutsherrschaft als solche angegriffen, unterwühlt, zu Fall gebracht; es ist hier ein Kampf gegen ein Institut als solches; so macht's ein Schwärmer, aber nicht ein König. Niemals hat Friedrich II. etwas ähnliches auch nur geträumt: er ist in seiner innern Politik stets fortbildend, aber stets erhaltend gewesen; er hat immer nur Auswüchse beschnitten, aber stets den Kern geschont. Daß der Bauer aufhöre, Unterthan zu sein, ist ihm gar kein Ziel; der Bauer soll Unterthan bleiben, aber aufhören, ein gequälter Unterthan zu sein, er soll Unterthan bleiben, aber erblichen Landbesitz erlangen, damit er eben als Unterthan besser gedeiht. Ebenso hat Friedrich II. auch die Heeresverfassung nicht geändert, sondern nur mit ihr und durch sie gesiegt: er war ein Revolutionär in Bezug auf die Machtverhältnisse der europäischen Staaten; aber bei sich zu Hause das Unterste zu oberst zu kehren, aus reinem Grundsatz eine alte Einrichtung, die seiner Souveränität nicht im Wege stand, als bloßer Neuerer im Geiste der damaligen Zeit zu zerstören — das wäre ihm mutwillig und thöricht vorgekommen. In diesem Sinne ging er eher zu weit, so daß, als der König alterte, auch sein Staat ältlich aussah. Und wenn er auch hie und da über Leibeigenschaft schalt, so meinte er stets nur den Unfug des unerblichen und unsicheren Besitzes, nie aber die Erbunterthänigkeit als solche.

Erst Friedrich Wilhelm III. hat, von 1797 (dem Jahre seiner Thronbesteigung) an, die Forderungen der gebildeten Leute sozusagen als Dogma empfunden und vorsichtig ausgeführt. Die langsame, aber sichere Umwandlung der Domänenbauern in freie Leute und mäßig belastete Eigentümer fand 1799—1805 statt; und die völlige Aufhebung der Erbunterthänigkeit, auch für die Privatbauern, folgte dann im Jahre 1807 durch das Edikt vom 9. Oktober. Hierdurch erst kam Preußen so weit, wie Österreich bereits 1781 gewesen war.

Ein unverwerflicher Zeuge aus Preußen hat dies damals schon empfunden. Im Januar 1809 kam ein Flüchtling nach Böhmen, hielt sich in Prag, Brünn und endlich in Troppau auf und schrieb, sieben Monate nach seiner Ankunft, über die Länder der böhmischen Krone folgendes[1]: „Übrigens ist der Zustand der Bauern in dieser Monarchie, exklusive Ungarn, viel glücklicher wie in Preußen." Sollen wir diesem Urteil trauen? Ich glaube Ja, denn der so schrieb, war bis vor kurzem der leitende Minister des Königs von Preußen gewesen; es war der Freiherr Karl vom Stein; und er selbst hatte jenes Befreiungsedikt von 1807 mit unterzeichnet; trotzdem sagt er in aller Schlichtheit: der Bauer in Österreich ist glücklicher als der in Preußen. Er führt einige Gründe an, die im ganzen darauf hinauslaufen: die Erbunterthänigkeit ist in Österreich weit früher allgemein aufgehoben, und auf den Domänen hat man unter Zerstückelung des Gutslandes sogar noch viele neue Bauern mit Eigentumsrecht angesetzt. Der Freiherr vom Stein hatte also einfach recht; und wir sind stolz darauf, daß gerade er diese Wahrheit gefunden hat. —

Hat sich nun Österreich auf dieser Höhe gehalten? Ganz und gar nicht. Es hat plötzlich aufgehört weiter zu gehen, und nach kurzem Stillstand war es überholt. Der Liberale hat dafür das kurze Schlagwort „Reaktion". Wir wollen aber einmal

[1] Pertz, Das Leben des Freiherrn vom Stein, Bd. II, 2. Aufl. 1851, S. 402.

genauer zusehen, was hier eigentlich vorging: wie weit war die Reaktion gerechtfertigt, wie weit nicht — und an wem lag die Schuld, wenn hier die schönsten Hoffnungen fehl schlugen?

Hier muß man nun den späteren, bekanntlich mißglückten Reformen Josephs einige Aufmerksamkeit schenken, um so mehr, als sie nach langem Scheintod wieder lebendig geworden sind.

Von den josephinischen Reformen ist eine fast ganz unbeachtet — in der Litteratur — geblieben: die Verbesserung der bäuerlichen Besitzrechte. Weitaus die Mehrzahl der gutsherrlichen Bauern war damals „uneingekauft", das heißt sie hatten ein unerbliches Nutzungsrecht am Lande; es gab auch erbliche Nutzungsrechte, die aber konnte man nur durch Einkaufung erwerben, und dazu fehlten fast immer die Mittel. Die Leute mit unerblichem Nutzungsrecht hatten außerdem noch einen sehr unsicheren Besitz, indem sie „abgestiftet" werden konnten, ohne daß die Gründe der Abstiftung von seiten des Staates genau umschrieben gewesen wären. Hier griff nun Joseph ein[1]: alle Bauern im Sinne der Steuerverfassung — also die Rustikalisten —, soweit sie uneingekauft sind, dürfen seit 1785 nur noch aus wenigen, genau bezeichneten Gründen abgestiftet werden; also hört die Unsicherheit ihres Besitzes auf, sie sind auf Lebenszeit gesichert. Und im Jahre 1789 kommt noch hinzu: ihr Besitzrecht wird zu einem erblichen gemacht; allerdings findet Erblichkeit nur ab intestato statt, aber es ist dadurch doch immerhin ein Erbrecht geschaffen. Zum vollen Eigentum war noch ein weiter Schritt, aber was noch fehlte, waren wesentlich nur die Lasten des Eigentums, während die Vorteile der Erblichkeit bereits da waren.

Nach meiner Ansicht ist das eine Maßregel, die gar nicht besser gedacht werden kann[2]. Joseph that hier für die Privatbauern dasselbe, was Friedrich II. 1777 für seine Domänenbauern mit so bedeutendem Erfolg gethan hatte. Man muß

---

[1] Grünberg, I 272.

[2] Knapp, I 316 unten.

aufs äußerste bedauern, daß dieser Schritt, der gar nichts übereiltes an sich hatte, der im Gegenteil völlig zur rechten Zeit geschah und sich durch Klugheit und Mäßigung auszeichnet — man muß es beklagen, daß diese Maßregel später zurückgenommen worden ist. Das hätte nicht geschehen sollen; ist sie doch eine Hauptzierde der josephinischen Zeit; wir haben ihr — für die Privatbauern — in Preußen nichts an die Seite zu stellen.

Tröstlich ist es daneben, daß das Verbot willkürlicher Abstiftung auch von der Reaktion aufrecht erhalten wurde.

Dagegen war Josephs sogenannte „Urbarialregulierung" von 1789 allerdings in jeder Beziehung überstürzt. Das Patent vom 10. Februar 1789 trägt einen Namen, der heute wenig verständlich ist, aber damals für jeden Kenner der amtlichen Sprache völlig klar war. Wenn nämlich Urbarium das Verzeichnis der Pflichten bedeutet, die dem Bauern gegen seinen Gutsherrn obliegen, so bedeutet Urbarialregulierung nichts anderes, als einen staatlichen Eingriff zur Änderung jener Pflichten. Hier handelt sich's also nicht, wie vorhin, um die Besitzrechte, sondern lediglich um bäuerliche Leistungen, mögen es Abgaben oder Dienste oder, um die amtlichen Ausdrücke beizubehalten, mögen es Giebigkeiten oder Roboten sein.

Ähnliche Eingriffe des Staates haben auch früher stattgefunden; ist doch gerade hiedurch der Name Blancs denkwürdig; und wenn Joseph nur dies gethan hätte, daß er die bäuerlichen Leistungen abermals um ein Stück herabsetzte, so wäre hier nur ein Unterschied im Maß, aber es wäre kein neuer Grundsatz lebendig geworden. Aber wo Joseph wirkt, da fehlt der neue Grundsatz nie. In unserm Falle lag die Sache so: alle Leistungen des Bauern an den Grundherrn, Abgaben wie Dienste, sind zunächst in Geld abzuschätzen, damit man sieht, wie viel sie vom staatlich geschätzten Bruttoertrag der bäuerlichen Stelle ausmachen; dies ist also nur eine Vorbereitung; ist man damit fertig, so werden die Leistungen des Bauern soweit herabgesetzt, daß sie höchstens 18 Prozent des Bruttoertrags der bäuerlichen Stelle ausmachen: dies ist eine sehr fühlbare Maßregel, denn der Gutsherr wird in keiner Weise für den Ausfall entschädigt; der Bauer fühlt sich sehr wohl dabei, aber der Gutsherr nicht. Nun aber kommt erst das eigentlich völlig Neue: kein Gutsherr kann fürderhin die bäuerlichen Leistungen in natura fordern, auch die herabgesetzten nicht; der Gutsherr kann nur verlangen, daß die Geldäquivalente der herabgesetzten Leistungen ihm vom Bauer gezahlt werden. Also der Bauer leistet zwar noch etwas, aber nur etwas Herabgesetztes, und das Herabgesetzte braucht er nur in der Form von Geldabgaben zu leisten. Mit anderen Worten: die Urbarialregulierung vermindert erstens die bäuerlichen Leistungen, dem Maße nach; zweitens verwandelt sie dieselben, der Form nach; sie ist also zugleich eine vom Staat erzwungene Umwandlung des Restes der Naturalabgaben und der Dienste in Geldabgaben. Hier fällt nun insbesondere ins Gewicht, daß auch die Dienste, die Fronen, die Roboten oder wie wir sie nennen wollen, nur noch geleistet werden, wenn der Bauer will; fordern kann sie der Gutsherr nicht mehr. Und für diese unerhört rücksichtslose Neuerung läßt der Kaiser nur eine Frist von einem Jahr. In diesem einen Jahr soll sich alles in den neuen Zustand hineinfinden.

Der Bauer reibt sich vergnügt die Hände. Aber was thut der Gutsherr? Die Regulierung greift so tief, daß nicht nur Spanndienste, sondern auch die allermeisten Handdienste wegfallen. Woher soll der Gutsherr den Ersatz der Arbeitskräfte nehmen? Noch dazu sind die Geldrenten, die der Bauer weiter zahlt, nicht entfernt ein Ersatz für den Ausfall. Die plötzliche, ganz unerwartete Nachfrage nach Lohnarbeitern muß alle Löhne gewaltig steigern — der gutsherrliche Betrieb steht vor einem unvermeidlichen Krach.

Man könnte sagen: der Gutsherr gebe den eigenen Großbetrieb auf; er zerschlage das Gutsland, wie es auf den Domänen durch Raab geschehen ist und errichte darauf eine Anzahl bäuerlicher Wirtschaften. Jedermann sieht aber, daß dies innerhalb eines Jahres unmöglich ist; ein Jahrzehnt dürfte nicht ausreichen, denn gerade jetzt ist ja der Bauer seines eigenen Besitzes froh geworden durch Robotlosigkeit — wo sollen denn die Abnehmer für die zahllosen neuen Stellen herkommen? Kurz, der Gutsherr ist ringsum in der größten Verlegenheit.

Der Kaiser konnte nun zwar die Stände ungefragt lassen; er konnte der Hofkanzlei Stillschweigen auferlegen; aber er konnte den Gekränkten nicht den Mund schließen und nicht den Lauf ihrer Federn hemmen: die Flut der Beschwerdeschriften hatte eben zu steigen angefangen — als der Kaiser Joseph starb; der rasche Tod hat ihm eine Niederlage erspart, ähnlich derjenigen, die er sich im ungarischen Verfassungskampfe zuzog. Sein Nachfolger Leopold hat dann sofort die kühne, aber gänzlich unbesonnene Urbarialregulierung wieder aus der Welt geschafft. Die doktrinäre, eigensinnige, wohlwollende Natur Josephs entbehrte auch hier der Menschenkenntnis und wollte tapfer drauf losgehen, ohne die wirtschaftlichen Umstände zu erwägen. Daß Leopold hier ohne weiteres wieder aufhob, was eben erst verordnet war, ist nicht verwerfliche Reaktion, sondern ist eine Forderung des politischen gesunden Menschenverstandes. Auch vergesse man nicht: Leopold hat nur einige Patente, aber nicht alle Patente Josephs aufgehoben; die Erbunterthänigkeit war und blieb abgeschafft; die Abstiftung war und blieb eingeschränkt.

Josephs blinde Bewunderer könnten sich auf Frankreich berufen: gerade zur selben Zeit, im Spätjahr 1789 und Frühjahr 1790, haben im jungrevolutionären Frankreich die Unruhen auf dem Lande stattgefunden, und ihr schließliches Ergebnis war: daß der Bauer grundherrliche Schlösser stürmte, den Adel mit Knüppeln aus dem Lande jagte, und daß die beschlossene Ablösung der grundherrlichen Rechte schließlich in nichts zerrann. Wenn Frankreich das von unten aus erfuhr, weshalb soll es Österreich nicht von oben her erfahren?

Nun, die Zerstörungswut von Bauern ist im Grunde keine Rechtfertigung für die Zerstörungswut des persönlichen Regiments; statt beide zu bewundern, könnte man beide beklagen. Vor allem aber ist das zerstörte Objekt nicht das gleiche: die Franzosen räumen die Trümmer einer ganz veralteten, leistungsunfähigen Grundherrlichkeit weg, die sich nur noch in sinnlos gewordenen bäuerlichen Lasten zeigt. Im deutschen Osten aber ist der gutsherrliche Großbetrieb etwas Lebensfrisches und Leistungsfähiges, wenn er auch eine veraltete Arbeitsverfassung hat, und schon deshalb muß hier mit ganz andrer Achtsamkeit verfahren werden, als dort.

Weshalb schauen wir eigentlich immer auf Frankreich? Die französische Rechtsgeschichte ist doch nicht unsere Rechtsgeschichte, und ganz gewiß ist die socialpolitische Geschichte des Ostens etwas Eigenartiges. „Aber die Franzosen schreiben gute Bücher über Frankreich." Dann wollen wir womöglich noch bessere über Deutschland schreiben.

Der wahre Schade, den Joseph in seinem Übermute gestiftet hatte, zeigte sich erst im Verlauf der Zeit, trotz aller Widerrufe, trotz mancher Wiederherstellung des Alten. Joseph hatte durch die verfehlte Wahl der Mittel und durch die krankhafte Hast seiner Maßregeln auch die an sich tadellosen Ziele in Verruf gebracht. Die wahrhaft gemeinschädliche Reaktion besteht darin, daß lange Zeit gar nichts geschieht — denn es folgt ein fast sechzigjähriger Stillstand, der bis 1848 andauert. —

In Preußen kennt man ebensowenig ein so lange dauerndes Verstummen, als man die wiederholten Anfälle von Radikalismus kennt. Alles vollzieht sich weit gleichmäßiger, und niemals fehlt vor allem die Rücksicht auf den Gutsherrn.

Unter Hardenbergs Ministerium 1811 — noch mitten in den napoleonischen Sturmjahren — und 1816 geht die Gesetzgebung in Preußen ruhig und folgerecht weiter und stellt für den bereits persönlich freien Bauern die Möglichkeit her, sein Gut frei von Fronen zu machen und es in erbliches Eigentum zu verwandeln. Ich untersuche hier nicht, wie groß das Opfer war, das der Bauer für diese beiden Ziele bringen mußte; ich untersuche auch nicht, wie klein der Kreis der Bauern gewesen ist, denen man den Zugang zu dieser Reform eröffnete. Diese sogenannte Regulierungsgesetzgebung Hardenbergs hatte, trotz aller ihrer Schwächen, jedenfalls den politischen Vorzug, daß denn doch überhaupt der Gegenstand in Angriff genommen wurde; und ferner noch einen anderen Vorzug, der, vom Auslande aus betrachtet, jedenfalls auch als ein politischer erschien: der preußische Staat hat, während er das aus der Welt räumte, woran der Liberalismus Anstoß nahm, zugleich das Mittel gefunden, die gutsherrlichen Interessen auf unabsehbare Zeiten zu begünstigen durch Sicherung hoher Renten, durch Massen eingezogenen Landes, durch Herabstoßung der kleinen Leute in den Stand landloser Tagelöhner. Es ist kein Zweifel, daß diese Art und Weise der Lösung kein Meisterstück der Socialpolitik war; vieles daran muß dem Kenner des 18. Jahrhunderts als ein wahrer Greuel erscheinen, z. B. die gestattete, ja beförderte Vergrößerung des Gutslandes. Das 18. Jahrhundert hatte von künftigem Übergewicht der Bauern geträumt — und die Wirklichkeit hat das Übergewicht der Gutsherren erst recht befestigt. Wenn aber schon ein Staat nicht anders durchkommt, als daß er sich auf eine bestimmte gesellschaftliche Klasse stützt — und das dürfte fürs Jahr 1811 für das verkleinerte, verarmte Preußen der Fall gewesen sein — so ist es politisch erklärbar — wenn auch von socialen Nachteilen begleitet — wenn er sich zu seiner Stütze die Starken aussucht, und das waren damals die Junker.

Soweit sie Geschäftsleute sind — und das sind sie als Besitzer von großen Gütern — nützen sie bald die Gunst der Umstände völlig aus und richten ihre Betriebe zweckmäßig ein, während sie als Politiker ganz auf die Seite der Krone treten. Nur eine Minderheit fühlt sich gekränkt durch Verlust der früheren patriarchalischen Stellung; auch sie hängen treu dem König an, verschreien aber den Staatskanzler als einen Jakobiner. Das liberale Deutschland hört dies nicht ungern, hält es für eine verzeihliche Übertreibung, überschätzt aber die socialpolitische Bedeutung der Hardenbergischen Gesetzgebung; und das Bürgertum in den Städten ist von da an mit der neuen Wendung der Dinge ebenso zufrieden, wie im Grunde das Gutsbesitzertum auf dem Lande. Ja sogar der Bauer, der doch allein die großen Kosten trug, kommt nicht recht zum Bewußtsein davon, wie viel ihm abgefordert ist.

Der entscheidende Punkt liegt also nicht darin, daß die Hardenbergische Gesetzgebung, vom Bauern aus betrachtet, mustergültig wäre, denn das war sie nicht; sondern darin, daß sie rechtzeitig auftrat und dem Staate des Ostens moderne, wenn auch immer noch östliche Stützen schuf.

In Österreich steht es ganz anders. Nachdem das, was an Josephs Gesetzgebung allzu kühn erschien, im Jahre 1790 wieder beseitigt war, verfiel die Gesetzgebung in den auffallendsten Stillstand. Die Bauern waren allerdings persönlich frei und blieben es, aber wie sollen sie die Fronen abstoßen, und wie sollen sie Eigentümer werden? Das blieb vorläufig ungelöst. So kommt Österreich nach der napoleonischen Zeit völlig in die Hinterhand. Sein Despotismus verliert alle josephinische Beimischung; man kann ihn nicht mehr aufgeklärt nennen. Vom Jahre 1815 an, nach dem Wiener Kongreß, entscheidet es sich aber, welcher Staat von der öffentlichen Meinung als modern anerkannt werde. Trotzdem, daß hier wie dort das parlamentarische Element noch fehlt, schien nun Preußen von einem Schimmer der Verjüngung umglänzt, denn es faßte in der inneren Politik die wirtschaftlichen Aufgaben der Neuzeit kräftig an; Österreich dagegen stand ohne diese Verklärung da und war in Bauernsachen sogar veraltet.

Nun kam das Jahr 1848; in beiden Staaten wird geerntet, was gesät war.

In Preußen, wo die größeren Bauern in der Hauptsache bereits reguliert sind, ist nur noch für einen unbedeutenden Rest der kleinen zu sorgen, nämlich für diejenigen, die nicht in der Zwischenzeit zu Arbeitern geworden waren. Das war vergleichsweise eine Kleinigkeit, und ohne große Erschütterung wurde es durch die Gesetzgebung von 1850 nachgeholt; auch der Rest von kleinen Bauern wurde nun zu fronfreien Eigentümern gemacht; und dem längst gesättigten Gutsherrn wurde dabei nicht ernstlich wehe gethan. So notwendig dieser Nachtrag war, so ist er doch statistisch von geringer Bedeutung und war durchaus nicht im stande, die Gutsbesitzer tiefer aufzuregen; sie fühlten sich nach wie vor als Stützen des Throns und des Altars.

In Österreich dagegen war der schwierigste Teil der Befreiung von vorne zu beginnen: Fronabschaffung und Eigentumsverleihung tauchten 1848 als allgemeine Forderung in den Ländern der böhmischen Krone auf. Während zugleich tausend andere Reformgedanken sich an allen Ecken erheben und mißvergnügte Nationalitäten sich bewaffnen, lodert auch der Haß gegen die sogenannte Feudalität empor. Damals konnte der Abgeordnete Kudlich fast als Retter des Vaterlandes erscheinen, als er auf den Schaden des unerblichen Besitzes und auf die Schande der Fronen hinwies. Der ganze Reichstag schäumte auf. Was wollte die Regierung des konstitutionellen Kaisers Ferdinand thun? Sie mußte nun in ihrer höchsten Verlegenheit handeln, um den Liberalismus durch Befriedigung seiner Forderungen zu entwaffnen. Also vollzog man nun so schnell und so gründlich wie möglich die Reform der gutsherrlich-bäuerlichen Verhältnisse; man führte die Grundentlastung und die Eigentumsverleihung um jeden Preis durch, mit möglichster Rücksicht auf die Bauern, mit allergeringster Schonung des Gutsherrn.

Es wurden wieder, wie zu Josephs Zeit, alle bäuerlichen Leistungen in Geldrenten umgeschätzt. Von diesen Geldrenten trägt der Bauer nur ein Drittel; das zweite Drittel trägt das Kronland, es wird also dem Bauern erlassen und einer größeren Gemeinschaft aufgebürdet (was in Preußen nie geschah); und das dritte Drittel wird einfach gestrichen. Der Bauer zahlt also nur ein Drittel; und der Gutsherr erhält überhaupt nur zwei Drittel der Renten, die ihm zuerkannt waren.

So ist Österreich zu seiner erstaunlich radikalen Gesetzgebung vom 7. September 1848 gekommen. Sie übertrifft in Bezug auf Begünstigung der Bauern alles je Dagewesene; sie ist geradezu das Ideal für den Schwärmer im Sinne des 18. Jahrhunderts. Selbst Joseph II. wäre damit zufrieden gewesen. Was ihr fehlt, ist aber leicht zu sagen: sie kam sehr spät! Nicht zu spät; denn der belastete Bauer war noch vorhanden und war so hülfsbedürftig wie je; also nicht zu spät im socialen Sinne. Aber doch sehr spät in jedem und zu spät im politischen Sinne. In jenem mannigfach bewegten Jahr 1848 hätte ein zufriedengestellter Bauernstand bereits da sein sollen; der Herrenstand mußte — wenn er schon josephinisch-rücksichtslos zu behandeln war — die Kränkung seiner Interessen und Gefühle schon verwunden haben. Wie unendlich erleichtert wäre dann dem österreichischen Kaisertum seine Stellung gewesen! Statt dessen braust eine sociale Bewegung, die eigentlich dem 18. Jahrhundert angehört, mitten in die Aufregungen des 19. Jahrhunderts hinein, und hilft den Wirrwarr ins ungemessene steigern. —

Für die Bauernbefreiung beider Staaten ergiebt sich also zum Schlusse dies:

Der erste Akt reicht bis zur napoleonischen Zeit. Überall ist Österreich um 20 bis 25 Jahre voraus; überall hat Österreich weit tiefer eingegriffen: es ist die wahre Verkörperung des aufgeklärten Despotismus, indem das Alte aufgelöst, nicht nur ausgeflickt wurde. Die geistige Führung in Bauernsachen lag damals in Österreich. Die Geschichte jener Zeit wirkt auf das heutige Geschlecht der Österreicher so, wie es einem schwergeprüften Manne wohlthut, wenn er an seine glückliche Jugend denkt.

Der zweite Akt beginnt mit dem Jahre 1811 und bringt einen völligen Umschlag. In Preußen fühlt der Staatskanzler Hardenberg den Pulsschlag der neuen Zeit. Die Gesetzgebung öffnet sich den neuen Ideen: rasch, aber ungemein vorsichtig schreitet man zur Regulierung der gutsherrlich-bäuerlichen Verhältnisse, und man begünstigt dabei, soweit es irgend geht, den Gutsherrn. Im Jahre 1848 können die Liberalen mit dem Stichworte „Feudalität" nichts rechtes mehr anfangen. Daher verläuft in Preußen die Revolution so glimpflich; sie beschränkt sich beinahe auf Herstellung einer Volksvertretung nach westlichem Muster.

In Österreich aber war seit 1790 eine ungeheuere Rechnung

aufgelaufen; nach unverantwortlich langem Nichtsthun handelt die Regierung im Jahr 1848 endlich, und sie handelt durchgreifend: aber sie ist radikal aus Verzweiflung, und zieht nicht den politischen Vorteil daraus.

Der politische Erfolg von Reformen hängt, wie man sieht, nicht davon ab, wie schneidig man ist; sondern davon, ob man zur rechten Stunde kommt.

So sind wir in Bezug auf die Hardenbergische Gesetzgebung zu ganz neuen Gesichtspunkten gelangt: sie hat ihre Stärke in der Verwertung der Reformen für die allgemeine Politik; die Stellung des preußischen Staates in Deutschland wird durch sie gekräftigt und gehoben. Preußen erweist sich als befähigt, die Führung auf dem Gebiete der wirtschaftlichen Interessen in Deutschland zu übernehmen. In dieser Beziehung ist von Österreich nicht weiter die Rede.

Aber nun, nachdem das alles weit hinter uns liegt, und nachdem wir den verspäteten Abschluß der Reformen in Österreich ausdrücklich als Fehler bezeichnet haben, was ergiebt sich, ohne Rücksicht auf diesen Umstand, als Urteil über das in Österreich Erzielte?

Im 18. Jahrhundert war ohne Frage die Aufgabe so gestellt: wie kann der Bauernstand unvermindert erhalten werden, und wie kann man das gutsherrlich-bäuerliche Verhältnis lösen, ohne daß der Bauer zu große Opfer bringt. Wenn dies die Aufgabe war, so hat Österreich, wenn auch spät, die Lösung besser vollzogen. Denn hier ist der Schutz des Bauernlandes bis zuletzt beibehalten worden, was in Preußen nicht geschah; hier ist es niemals im entscheidenden Augenblick dem Gutsherrn gelungen, der Gesetzgebung in die Zügel zu fallen und ihre Richtung umzukehren, so daß, was zu Gunsten der Bauern gemeint war, zu Gunsten der Gutsherren ausschlug. Hier hat man insbesondere nicht so viele kleine Leute zu landlosen Arbeitern gemacht, wie in Preußen. Und in Österreich haben die Bauern weder so viel Land abtreten noch so hohe Renten übernehmen müssen, wie in Preußen. Kurzum, wenn Preußen die bessere allgemeine Politik für sich hat, so ist die bessere Socialpolitik jedenfalls auf der Seite Österreichs zu finden; und zwar im 18. Jahrhundert durch das, was man freiwillig that, dagegen im 19. Jahrhundert durch das, was man sich abringen ließ; die Schwäche des Staats war ein Gewinn für die Bauern.

Erst seit wir Österreich kennen, verstehen wir Preußen ganz. Und nur weil wir Preußen kennen, verstehen wir Österreich ganz. Für das Problem der Bauernbefreiung im östlichen Deutschland gehören also die Forschungen über Österreich und die über Preußen untrennbar zusammen[1]!

[1] Die österreichischen Archive sind für die ältere Zeit bekanntlich schrankenlos zugänglich, aber für 1848 und die folgenden Jahre noch geschlossen. Hieraus, und aus dem Mangel guter Beschreibungen der neueren ländlichen Zustände, ergiebt sich, daß die Folgen der Gesetzgebung von 1848 noch nicht klar zu übersehen sind.

Der Schluß des Grünbergischen ersten Bandes war noch nicht gedruckt, als obiger Vortrag geschrieben wurde, konnte daher nicht benutzt werden.

# Die Grundherrschaft in Nordwest-deutschland.

**Vortrag**

für den Historikertag in Innsbruck, gehalten am 12. September 1896.

Von der Entwicklung der ländlichen Verfassung Hannovers weiß man in weiteren Kreisen nicht sehr viel; hie und da hört der Student, daß dort eine französische Zwischenherrschaft etwa von 1807 bis 1813 gewaltet und allen mittelalterlichen Schutt weggeräumt habe. Dann aber, nach der Vertreibung der Fremdherrschaft in den Befreiungskriegen, sei der angestammte Landesherr zurückgekehrt und habe alle früheren Einrichtungen wiederhergestellt. Bei dieser Gelegenheit sei sogar nach 1815 die eben abgeschaffte Leibeigenschaft wieder erneuert worden.

Der jugendliche Hörer stutzt; er fühlt, was das bedeutet: mitten in Europa, nach zufälligem Mitgenuß der Errungenschaften der französischen Revolution, wird eine der ältesten Einrichtungen des Mittelalters — nicht etwa geschont — sondern wieder in's Leben gerufen. Nur mit Empörung kann der liberale Jüngling von dieser Thatsache Kenntnis nehmen. Denn die Leibeigenschaft der sächsischen Bauern im Nordwesten ist für ihn natürlich dasselbe wie jener Zustand im Nordosten in der Neuzeit: nämlich Verwandlung der Bauern in Arbeiter, der Freien in Knechte. Während nun die Nachbarländer, z. B. Preußen 1807, die Erbunterthänigkeit aufheben, führt Hannover 1815 seine Leibeigenschaft wissentlich und willentlich von neuem wieder ein!

So etwa würden Sugenheims zahlreiche Jünger den vorliegenden Fall beurteilen — sehr zu Ungunsten Hannovers. Und doch wage ich zu sagen, daß jene Thatsache für jeden Kenner ganz und gar anders liegt, als man beim ersten Anblick glauben sollte.

Ein neu erschienenes Werk über die Grundherrschaft in Nordwestdeutschland klärt uns über all dies und über vieles andere völlig auf[1]. Der Verfasser, Dr. W. Wittich, den ich hier nicht loben darf, weil er mir zu nahe steht, ist frei von liberalen Nachwirkungen. Auch die Geschicke des Staats Hannover liegen ihm nicht am Herzen, denn es handelt sich hier nicht um den Staat, sondern um die Gesellschaft. Der Kurstaat Hannover ist nur gewählt, weil er der größte Staat des Nordwestens ist, und weil ein Gegenbild zu dem besser durchforschten Osten geliefert werden soll.

So ist ein sehr stoffreiches, ungemein belehrendes Werk entstanden. Der Verfasser hat vor allem aus den ersten Quellen geschöpft; denn das Staatsarchiv zu Hannover enthält die wohlgeordneten Akten der „Ämter", aus denen alle Züge der ländlichen Verfassung so hervorgehen, wie ein Mosaikbild aus Tausenden von kleinen Stäbchen entsteht.

Die erdrückende Masse geradezu endloser Einzelheiten verschwindet aber für den Leser, und anstatt jener Stäbchen sieht er nur die großen Züge des Mosaikbildes — nämlich eine Beschreibung der ländlichen Verfassung Hannovers etwa für die Mitte des 18. Jahrhunderts. Man glaube nicht, daß dies so leicht und so selbstverständlich sei. Wie käme es sonst, daß eine solche Beschreibung nicht existiert? Doch nur daher, daß niemand sah, was zu sehen war, oder niemand zeichnen konnte, was er sah. Nun wissen wir endlich, was all die Bauernklassen bedeuten, deren unverstandene Namen uns so sehr verwirren: der Meier, der Brinksitzer, und vor allem der so merkwürdige Kötter. Ebenso ist das bäuerliche Besitzrecht, vor allem das wichtigste davon, das Meierrecht, völlig zur Darstellung gebracht, mit seinen Erbsitten, die heutzutage manchem Rechtshistoriker wieder erweckenswert erscheinen. Natürlich wird auch das hannövrische Rittergut und die Domäne geschildert; wobei denn, gerade wie

[1] Dr. Werner Wittich, Die Grundherrschaft in Nordwestdeutschland. Leipzig 1896.

bei der Leibeigenschaft, wahrhaft überraschend heraustritt, daß Institute gleichen Namens, diesseits und jenseits der Slavengrenze, ungemein verschiedene Dinge bezeichnen. Auch die Verwaltungsthätigkeit im weitesten Sinne, mit Einschluß des Gerichts, kommt völlig an's Licht, indem das „Amt" des Landesherrn, das Gericht des Adels und endlich die Thätigkeit der Landgemeinden nach allen Seiten aufgedeckt wird.

Auf diese Weise lernt man das Stillleben der ländlichen Verfassung ruhig und verständnisvoll betrachten. Keine kühne Übertreibung spornt den Leser an, kein schnaubendes Werturteil schreckt ihn aus der Beschaulichkeit auf. Die erste große Regel socialer Geschichtsforschung wird unerbittlich festgehalten: das Objekt, also hier die Grundherrschaft, wird vollständig nach allen Seiten beschrieben, und für die Beschreibung wird ein Zeitpunkt ausgewählt, für den die Quellen überreichlich fließen. Dieser Zeitpunkt ist die Mitte des 18. Jahrhunderts.

Mancher denkt vielleicht, das 16. oder gar das 13. Jahrhundert hätte den Vorzug verdient; je älter die Quellen, desto lehrreicher seien sie. Aber je weiter man zurückgreift, um so lückenhafter wird die Überlieferung und desto schwieriger sind die Lücken auszufüllen, desto willkürlicher arbeitet die immer rege Phantasie. Der weitaus bessere Weg ist der: nicht die älteste, sondern die quellenreichste Zeit zu wählen. Jeder vollständig bekannte Zustand beleuchtet rückwärts auch die früheren Zustände, denn in jeder Gegenwart stecken unzählige Überbleibsel der Vergangenheit. Dies Verfahren hat uns bisher noch stets die größten Dienste geleistet. Der Historiker, der erzählen kann, fesselt uns wohl; aber völlig belehrt er uns erst, wenn er auch beschreiben kann.

Erst auf Grund der allergenauesten Kenntnis des 18. Jahrhunderts, dessen Beschreibung die größere Hälfte des Werkes einnimmt, wagt sich der Verfasser an die Geschichte der ländlichen Verfassung, und auch hier geht er vorsichtig nur so weit zurück, als reichliche Quellen zur Verfügung stehen. Was er über die ältesten Zeiten — Tacitus, Frankenreich — zu sagen hat, ist in einem Anhang versteckt, damit man nicht den Hauptinhalt anzweifle, wenn man sich berechtigt glaubt, diese alterälteste Zeit anders aufzufassen.

Dieses Ausgehen von einer ganz bekannten, wenn auch neueren Zeit, ehe man der lückenhaften älteren Überlieferung nahe tritt, ist unser wichtigster Kunstgriff. Sollte je eine Anleitung zum socialhistorischen Forschen geschrieben werden, so sollte dieser Wink vor allem darin enthalten sein. Aber ich hoffe, daß niemand eine solche Anleitung schreibt; denn wer solche Künste aus Anleitungen lernen muß, lernt sie nie; gebt uns vielmehr glückliche Vorbilder; an denen kann das werdende Talent sein Licht am besten anzünden! Und dann vergessen wir eines nicht: alle Geschichtschreibung ist, soweit sie über Materialsammlung und -sichtung hinausgeht, durchaus Kunst. Ein neuer Zweig der Geschichtschreibung, z. B. Entwicklung socialer Verhältnisse, wird immer neben den älteren Zweigen nur dann und nur soweit zur Geltung und Anerkennung gelangen, als es gelingt, die entsprechende Kunstform zu finden. Gebt der sog. Wirtschaftsgeschichte den ihr angemessenen Stil, dann wird man ihr ein bescheidenes Plätzlein gönnen. Solange sie aber als Magd in den Festsaal will mit der ordnungslosen Bürde bloßen Materials, rufe man ihr entgegen: „Du hast kein hochzeitlich Gewand an".

I.

Wie das Mittelalter von der liberalen Entrüstung über Leibeigenschaft entstellt wird, so wird das Altertum verzerrt durch liberale Vorliebe für den freien Bauernstand. Nicht als ob ich unfreie Bauern vorzöge; man mache sie so frei als sie es vertragen können. Aber man höre endlich auf, weil man freie Bauern will, zu behaupten, daß dies der Urzustand gewesen sei. Blondlockige Müßiggänger, Bärenhäuter im wahren Sinne des Worts, die nur selten was thun, außer trinken, jagen, kämpfen — diese urgesunden Tugendspiegel taciteischer Sittenpredigten, sollen Bauern gewesen sein? Sie sind es sicher nicht gewesen. Es waren vielmehr kleine Grundherren, eine Art socialen

Adels, die im Gericht und in der Volksversammlung mitredeten, die aber — wenn auch ihre Frauen den Haushalt führten — niemals die Hand an den knechtischen Pflug legten. Sie hatten vielmehr angesiedelte Knechte, und diese Knechte waren Bauern, die für ihren Herrn dem Boden die Nahrung abgewinnen mußten. Gewiß hat man sie nicht arg gequält, aber gearbeitet müssen sie um so sicherer haben, als ihre Herren durch nichts so sehr als durch Müßiggang glänzten.

Somit wäre der Bauer, der seinen Herrn ernähren muß, eine sehr alte Erscheinung. Die Grundherrschaft, statt sich nach und nach in historischer Zeit zu entwickeln, wäre vielmehr die älteste der bekannten Verfassungsformen, und aus ihr wären die späteren Formen abzuleiten. Ich muß gestehen, daß mir dies sehr wahrscheinlich ist. —

Einen ähnlichen Stoß erhält die herrschende Lehre über den Zustand der Karolingerzeit. Jeder Historiker kennt die so oft wiederholte Anschauung: Freie Bauern, die wegen ihrer Freiheit kriegspflichtig waren, sollen, um dem Heeresdienst zu entgehen, auf ihre Freiheit verzichtet haben, und zwar in der Form, daß sie sich einem größeren Herrn in die Hörigkeit ergaben. Der neue Herr übernimmt dann für sie den Kriegsdienst. Und so soll sich die Grundherrschaft ausgebildet haben, zugleich mit dem Anfang des Ritterdienstes.

Nun mag es ja hie und da vorgekommen sein, daß ein bis dahin freier Bauer sich einem Herrn ergab. Aber ein allgemeiner Vorgang war das in Niedersachsen schon deshalb nicht, weil dort der abhängige Bauer bereits damals die Regel war. Wenn Bauernstellen z. B. einem Kloster geschenkt werden, so ist nicht der innehabende Bauer der Schenker, sondern sein kleiner Grundherr schenkt die Bauernstelle — und mit ihr den abhängigen Bauern — dem Kloster. Der Bauer bleibt hierbei stets auf seiner Stelle sitzen; das nahm freilich auch die ältere Ansicht für sicher an. Nur meinte man früher, der Bauer habe den Besitztitel verändert — aus dem früheren Eigentümer sei nun erst ein Grundholde geworden. Jetzt ist es für Niedersachsen höchst wahrscheinlich, daß es nicht so war: der Bauer war vorher Grundholde wie nachher; der Bauer veränderte nicht den Rechtstitel, sondern er vertauschte nur den Herrn. Damit wäre denn in der karolingischen Zeit keineswegs die Grundherrschaft, nach dem Chaos der Völkerwanderung, erst wieder neu entstanden, sondern es wäre nur eine andere Verteilung der stets hörig gewesenen Bauern eingetreten; es wären die sog. großen Grundherrschaften entstanden, durch Überweisung von Bauernstellen, die früher zu kleineren Grundherrschaften gehört hätten. Natürlich hätten dadurch die kleinen Grundherrschaften nicht aufgehört, sie wären nur weniger zahlreich oder von geringerem Bauernbestande gewesen.

Die Grundherrschaft nun ist, im früheren wie im späteren Mittelalter, keine Anstalt zur Menschenquälerei; auch, wie bekannt, keine großartige Landwirtschaft, wie die östlichen Gutsbetriebe häufig sind. Der hörige Bauer, d. h. derjenige, der einen Grundherrn hat, ist zwar eine Art von Knecht im Sinne des öffentlichen Rechts, das heißt er ist ein Unfreier; aber er ist nicht Knecht im Sinne eines Gehülfen im landwirtschaftlichen Betrieb. Kein allgemeiner knechtischer Gehorsam wird von ihm erwartet oder gar verlangt. Der Bauer hat die Pflicht, einer Bauernstelle vorzustehen nach Landessitte, er ist aber, wenn auch unfrei, doch Leiter dieses kleinen Betriebs. Dieser kleine Betrieb auf seiner Stelle ist nicht um seinetwillen und nicht für ihn allein da, sondern ist in erster Linie dazu da, dem Herrn durch Abgaben die Möglichkeit des Bestehens zu gewähren, und was nach Ablieferung des schuldigen Getreides, Geldes oder Kleinviehs noch übrig bleibt, das verzehrt der Bauer mit Weib und Kind. Solcher höriger Bauern hat der kleinere Grundherr immer eine Anzahl, sagen wir 12 bis 20, während die Klöster, wie wir wissen, bis in die Tausende haben.

Der Sinn dieser Verfassung ist ganz offenbar: man kennt auf der einen Seite nur den landwirtschaftlichen Beruf, und innerhalb desselben nur den kleinen Betrieb, die Familienwirtschaft. Auf der andern Seite gilt es, den König, den Herzog, den Grafen, den Freien zu ernähren; es muß auch für Kirchen und Klöster ein wirtschaftlicher Unterbau bestehen, und alles dies leistet die Grundherrschaft. Sie ist die wirtschaftliche Voraussetzung aller höheren und freieren Berufsarten. Hätte man damals eine Universität gründen wollen, um gegen die Hörigkeit mit Waffen des Geistes anzukämpfen — so hätte man dieselbe vor allem mit hörigen Bauern ausstatten müssen.

Die hörigen Bauernstellen eines Grundherrn konnten liegen, wo sie wollten, und in der That trifft man in Niedersachsen fast immer eine ganz zerstreute Lage. Wir wissen zwar nicht genau, wie diese zerstreute Lage, der sog. Streubesitz, zu stande kam, aber gewiß war dieser Umstand im allgemeinen unschädlich. Unsere Kapitalisten genießen ja auch ihren Zinsenbezug von dem gemischtesten Bestande an Wertpapieren. Wie man nicht alle Aktien einer Fabrik besitzen muß, so braucht man auch nicht Grundherr aller Bauern einer Gemeinde zu sein. Der Streubesitz macht allerdings die Verwaltung von Seiten des Herrn etwas verwickelt — aber dafür werden dann verschiedene Mittelpunkte geschaffen, die sog. Villikationen. Der da sitzende Beamte des Herrn, dem auch gerichtliche Befugnisse über die Hörigen übertragen sind, heißt villicus, zu deutsch Meier. Er führt die Herrschaft über die Bauern und er sammelt ein, was an den Haushalt des Herrn abzuliefern ist, seien es Naturalabgaben oder Geld.

Stets ist hierbei der hörige Bauer zum Besitz der Stelle berechtigt, so lange er in dieser unfreien Lage verharrt. Niemand will ihn vertreiben, da an seiner Anwesenheit alles übrige hängt; niemand will ihn durch Fronden erdrücken, da der Betrieb des Herrn gering war. Die politischen Ehren freilich gehen ihm ab, aber er ist weder ehrlos noch rechtlos; zu quälender Tyrannei fehlt die erste aller Bedingungen: der Zweck.

Dieser Bauer des früheren Mittelalters heißt Late; sein Recht Latenrecht; seine Hufe Latenhufe.

Was ist aber nun die Hufe? Es wäre ein Irrtum, zu glauben, daß der Inbegriff der bäuerlichen Stelle, also Haus,

Hof, Garten, Feld und Gemeindenutzung, die Hufe sei — wenigstens nicht in jener älteren Zeit in Niedersachsen. Es mag zufällig einmal so sein, daß Hufe und Bauernstelle zusammenfallen; aber begrifflich sind sie verschieden.

Die Hufe ist am leichtesten zu erklären, wenn man vom Grundherrn ausgeht. Dasjenige Ackerland, das der Grundherr dem Bauern verleiht (nebst den ergänzenden Berechtigungen), bildet die bäuerliche Hufe. Vielleicht hat der Bauer bei seiner Stelle noch anderes Land — dann gehört dies nicht zur Hufe. Daher der begriffliche Unterschied von Bauernhufe und Bauernstelle.

Das dem Bauern verliehene Land hat in der Regel bekanntlich 30 Morgen; dies Maß ist offenbar dem Bedürfnis oder vielmehr dem Kräftestand einer Bauernfamilie in jener alten Zeit angepaßt, ohne eigentlich schlechthin wesentlich zu sein. Es soll nur heißen: jener Kleinbetrieb soll so groß sein, daß die Pflugarbeit etwa 30 Vormittage in Anspruch nimmt.

Auf der Flur bilden die und die (zerstreut liegenden) Äcker herkömmlicher Weise die Hufe der Bauernstelle A; die und die anderen Äcker haben von jeher die Hufe der Bauernstelle B gebildet. Die Hufe ist also, bei der Unbeweglichkeit jener Verfassung, ein als Ganzes verliehener Komplex herrschaftlicher Äcker auf der Flur.

Auf der Flur können auch Äcker liegen, die nicht einem solchen Komplexe zugehören; das sind dann keine Hufenäcker, obgleich sie Äcker auf der Flur sind; ja obgleich sie dem Grundherrn gehören und vielleicht sogar von ihm ausgethan werden! Die Hufe ist also genauer dies: ein bestimmter Komplex, herkömmlicher Weise als ein Ganzes betrachtet, von herrschaftlichen auf der Flur liegenden Äckern, welcher dazu bestimmt ist, einem Bauern verliehen zu werden.

Hufenland ist demnach für den Bauern bestimmt: aber Bauernland braucht nicht aus lauter Hufenland zu bestehen. Dagegen ist es für den Bauern im engern Sinne des Wortes nötig, daß er (vielleicht neben anderem Land) Hufenland besitze;

wer keines besitzt, bleibt vielleicht noch Landwirt, fällt aber aus der Klasse der Bauern heraus.

Offenbar ist es in älterer Zeit durchaus das Gewöhnliche, daß wesentlich Bauern dieser Betriebsgröße, und nur selten andere ländliche Klassen neben ihnen, auftreten. —

Die Laten eines Herrn, soweit sie einer Villikation unterstehen, bilden eine Genossenschaft, allerdings von Unfreien, aber von hochberechtigten Leuten. Vor allem hat der Late ein Recht zur Nachfolge im Bauerngut. Aber dies Recht hängt davon ab, daß er eben unfrei ist. Wenn der Herr ihn frei ließe, dann würde mit der Hörigkeit auch die Genossenschaft der Laten zerstört, und mit der Hörigkeit fiele ferner weg das Recht, in grundherrliche Hufen nachzufolgen. Denn jene Verfassung hat der Herr gegeben für Leute, die die Seinigen sind. Wenn sie aufhören, Hörige zu sein, dann hört für sie alles auf. Wir zittern vor dem Gedanken, daß man sie arglistiger Weise frei lassen könnte.

Und doch hat der Herr hierzu die größte Lust. Denn der Villicus ist ein unbequemer Beamter, herrschsüchtig und unehrlich, der dem Herrn nur wenig förderlich ist in Zeiten, die doch größere Ansprüche des Herrn geradezu herausfordern. Um wenigstens sichere Einkünfte zu erlangen, hat der Herr die Villikation oft an den früheren Beamten, den sog. Meier, verpachtet. Man nannte dies Vermeierung der Villikation; der Beamte zahlt dann jährlich ein Pachtgeld an den Herrn.

Auf diesem Wege gewinnt der Ausdruck Vermeierung, ursprünglich nur auf Villikationen anwendbar, den allgemeinen Sinn der Verpachtung überhaupt.

Noch vorteilhafter ist es aber dem Grundherrn, wenn er eine ganz neue Verfassung einführt. Und zwar auf folgendem Wege:

Der Herr hebt das Latenrecht seiner so wenig leistenden Bauern auf, indem er sie frei läßt. Das Land bleibt natürlich dem Herrn. Denn der Herr will ja nicht etwa Versuche in Menschenrechten oder bäuerlichem Eigentum anstellen, sondern er will ein reichliches Einkommen, unabhängig von dem anmaßenden Villicus, erringen. Die so erledigten Hufen, die, aus alter Zeit stammend, ohnehin viel zu klein für das reifere Mittelalter sind, schlägt nun der Herr zusammen; je zwei oder vier alte Hufen werden vereinigt und an einen freien Mann ausgethan zu einem ganz modernen Pachtrecht, welches Meierrecht heißt; so entstehen die Bauernhöfe des späteren Mittelalters; der freie Meier, als Nachfolger des hörigen Laten, ist fertig; Meier bedeutet nun den Pächter eines Bauernhofes (nicht wie früher den Pächter einer Villikation).

Man muß dies nicht so katastrophenartig auffassen wie die Wirkung eines Erdbebens. Die Sache geht langsam, vor allem wohl dadurch vor sich, daß der Late häufig — bei der Kleinheit seiner Stelle — sich nicht halten kann; freigelassen wird er wohl oft auch deshalb, weil er abgewirtschaftet hat.

Das Entscheidende ist: statt vieler Laten mit kleinem Besitz und ohne Freiheit tritt eine geringere Zahl freier Meier mit größerem Besitz ein. Aus dem Grundherrn mit unergiebigen Hörigen wird ein Grundherr mit zahlungskräftigen Pächtern, die man Meier nennt. Der Grundherr wird Verpächter und lebt jetzt von verabredeten Pachtabgaben.

Diese Änderung hat die merkwürdigsten Folgen, und die Aufdeckung dieser Folgen ist in Wittich's Werk vielleicht das Eigentümlichste.

Zunächst ist es klar, daß die Zahl der so entstehenden Meier eines Grundherrn kleiner sein muß als die Zahl der früheren Laten, da die Meier gewöhnlich vier Hufen erhalten. Von je vier früheren Laten (deren jeder nur eine Hufe hatte) kann man also — um es ganz schematisch zu übertreiben — jetzt einen als Meier unterbringen; aber die drei anderen fallen weg. Sie fallen als Besitzer je einer Hufe weg, aber als Menschen sind sie noch da. Es fragt sich nun: was wird aus ihnen?

Einige, denen man die Hufe genommen hat, während man die Freiheit gab, bleiben ein jeder da, wo sie bisher waren. Sie haben noch ihr Wohnhaus, denn das Haus wird in Niedersachsen nicht mit verliehen; sie haben ferner noch den Hausgarten und den Feldgarten, der ja nicht auf der Flur liegt; und sie haben die am Hause haftenden Gemeindenutzungen. Solche Landleute, denen eben nur die grundherrliche Hufe fehlt, nennt man Kötter; ihren Besitz eine Kötterei. Je später wir die Dörfer untersuchen, destomehr Köttereien finden wir darin. Der Kötter ist Inhaber einer Bauernstelle, die durch Verlust der Hufe unvollständig geworden ist. Daher bleibt der Kötter zwar Mitglied der Gemeinde, hat auch Teil am Gemeindenutzen im Wald und auf der Weide, aber ein eigentlicher Bauer ist er nicht. Er ist auch nicht Besitzer eines Bruchteils einer Bauernstelle, sondern nur Besitzer eines Bestandteils.

So ist also der Kötter durchweg etwas anderes als der Halbhufner oder Viertelhufner; dieser hat eine halbe oder eine Viertelhufe, jener aber hat gar keine Hufe; jedoch er hat noch Land. Denn niemand hindert unsern Kötter, falls er es kann, sich einige Äcker auf der Flur zu verschaffen, sei es durch Ankauf oder Pacht, oder sonstwie. Wenn er das thut, hat er, was nur die Ausnahme ist, einige Äcker auf der Flur. Es ist also nicht ganz richtig, den Kötter als ausgeschlossen vom Ackerbesitz auf der Flur zu denken; es war dies nur meine erste Annäherung an die wahre Lösung der Frage. Das, wovon er ausgeschlossen ist, ist nur die Beleihung mit einem Ackerkomplexe, der bisher als Hufe verliehen war.

Indessen sind nicht alle landlos gewordenen Laten zu freien Köttern geworden. Es sind noch zwei andere Laufbahnen für diese Leute geöffnet.

Damals fingen die Städte an sich langsam zu bilden, und wenn man fragt, wer in die Städte zog, so müssen es natürlich Landleute gewesen sein, und zwar solche, die draußen nicht mehr bleiben wollten oder konnten. Die meisten Schriftsteller denken sich den hörigen Bauer mißvergnügt über das harte Joch des Grundherrn und mächtig angezogen von der ihm winkenden persönlichen Freiheit in der werdenden Stadt. So mag es mitunter gewesen sein. Aber wir, die wir jenes Joch so hart nicht finden, und die wir den Landmann weniger für freiheitsdurstig als für erwerbslustig ansehen, wir brauchen für das Anschwellen der Stadtbevölkerung andere Gründe. In der Befreiung der Laten und in der Verdrängung derselben von ihren Hufen ist ein solcher Grund gegeben. Derselbe Vorgang, welcher hie und da Kötter schafft, liefert auch eine Anzahl angehender Stadtbürger.

Und endlich bleibt dem landlos und frei gewordenen früheren Laten noch eine Zuflucht: die Auswanderung. Aber wohin sollen sie gewandert sein? Etwa in unsere Kolonien? Allerdings in unsere Kolonien, und zwar im vollsten Ernst. Seitdem uns Meitzen so deutlich gezeigt hat, wo damals unsere Kolonien lagen, nämlich im Osten der Elblinie, kann darüber gar kein Zweifel sein. Mecklenburg und Brandenburg und Pommern sind früher slavisch gewesen und gehören heute zum niederdeutschen Sprachgebiet. Also müssen die Einwanderer vom nördlichen Deutschland links der Elbe gekommen sein. An eine Völkerwanderung nach Osten kann dabei gar nicht gedacht werden. Nicht wandernde Stämme oder Horden sind aus dem alten Niederdeutschland nach Osten gezogen, sondern Bestandteile einer schon seßhaften Bevölkerung haben sich abgelöst. Man hat wesentlich an nachgeborene Söhne gedacht, die zu Hause keine Hufen mehr erhalten konnten; ein durchaus zulässiger Gedanke. Es müssen aber nicht lauter solche erblose Söhne gewesen sein. Ein Teil der frei und landlos gewordenen früheren Laten bietet sich ebenfalls dar — sie konnten in dem jungen Deutschland freie Leute bleiben und zu sehr gutem Recht grundherrliche Bauern werden. So wird der sehr reichliche Zufluß niederdeutscher Elemente dorthin höchst einfach erklärt.

Nicht zu vergessen bleibt dabei, daß mancher Late in der alten Hörigkeit sitzen blieb und daß man diesen Rest an gewissen Abgaben, wie Todfall und Bedemund, noch Jahrhunderte lang erkannte. Dies sind die sog. Leibeigenen des Westens, deren Besitzrecht immer mehr dem Meierrecht ähnlich wurde, während jene Abgaben als Überbleibsel älterer Verfassung allerdings stehen blieben. Daß sie etwas ganz anderes waren wie die fälschlich sogenannten Leibeigenen des Ostens, die Erbunterthanen, braucht hier nicht wiederholt zu werden.

So liefern uns also jene Laten alles, was wir brauchen, je nach der Art ihrer Weiterentwickelung; einige bleiben rechtlich unfrei und werden jene Leibeigene, die nur als Rechtsaltertum interessant, aber durchaus nicht so schändlich sind.

Die meisten werden aber rechtlich frei, und aus ihnen gehen hervor: wenn sie keine Hufe mehr haben, aber sitzen bleiben — die Kötter; wenn sie sitzen bleiben und mehrere Hufen pachten — die Meier; wenn sie in die Städte ziehen — ein Teil der Stadtbürger; und wenn sie auswandern, um über der Elbe in neue Grundherrschaften einzutreten — die niederdeutschen Bauern der Kolonien im Slavenlande.

Dies ist ein tiefer Einblick in die wirtschaftlichen Verhältnisse des Mittelalters. Sollte wirklich die Wirtschaftsgeschichte nur Material und keine Gedanken liefern? Kann die allgemeine Geschichtswissenschaft gleichgültig zusehen, wenn ein besonderer Zweig ihr wirklich etwas Brauchbares liefert? Nach aller Erfahrung thut sie das nicht; gerade der Historiker, gewohnt und geübt, das Gute zu sammeln, wo er es auch finde, wird fortfahren Gutes mit großherzigem Danke aufzunehmen. Das haben die Historiker stets gethan, und wenn sie das Gestaltlose ebenso wie das Gehaltlose ablehnen, auch wenn es aus der sog. Wirtschaftsgeschichte stammt, so sind sie in ihrem Recht und handeln nach ihrer Pflicht.

## II.

Wir betreten nun, nach diesem Blick aufs Mittelalter, die Schwelle der Neuzeit. Der Zustand, der sich bis dahin ausgebildet hat, ist dieser: Die Grundherren, seien es Fürsten oder geistliche Korporationen oder Ritter, leben von dem, was ihre freien Bauern ihnen leisten; und diese Bauern besitzen ihre Stellen zu Meierrecht, daß heißt zu einer bestimmten Art von

Pacht. Das Meierrecht ist für den Bauern kein erbliches Recht; wenn der Sohn dem Vater im Besitze folgt, was sehr oft, vielleicht in der Regel, geschieht, so ist dies nicht der Fall kraft eines bäuerlichen Rechtes, sondern jedesmal kraft eines besonderen Vertrags.

Nun wird durch veränderte Heeresverfassung nach und nach der Ritterdienst entbehrlich; und der Landesherr, um Söldnerheere aufstellen zu können, muß regelmäßige und hohe Steuern erheben.

Wer die Entwickelung unseres Ostens kennt, also des Kolonialgebietes jenseits der Elbe, der erwartet wohl, daß nun auch diesseits der Elbe, in Niedersachsen, der Ritter sich in einen großen Landwirt verwandle, durch Bauernlegen und durch Einführung der Erbunterthänigkeit als der zugehörigen Arbeitsverfassung. Sagen wir also kurz und bündig: in Niedersachsen war das nicht der Fall. Der niedersächsische Ritter und überhaupt der Grundherr hat diesen Weg, den Übergang zum landwirtschaftlichen Großbetrieb, nicht beschritten. Über die Gründe, die ihn etwa daran verhindert haben, brauchen wir uns nicht zu besinnen; er hat diesen Weg nicht etwa deshalb vermieden, weil ihm Hindernisse im Wege gestanden hätten, sondern deshalb, weil er dies Ziel gar nicht ins Auge gefaßt hat. Das hat für das westliche Deutschland längst schon Gothein ausgesprochen. Die Laufbahn, die einer wählt, ist zu beurteilen nicht nach den Hemmnissen, die ihm anderwärts entgegenstehen, sondern nach den Zielen, die ihm vorschweben. Und so will denn der niedersächsische Grundherr auch in neuerer Zeit vor allem Grundherr bleiben.

Diese Behauptung soll aber nur zur allgemeinen Richtschnur dienen. Man muß die Dinge durch Übertreibung vereinfachen, um der Schwachen willen. Genauer betrachtet liegt es ein wenig verwickelter. Es ist für den Osten gar nicht wahr, daß alle Grundherrschaften zu Gutsherrschaften geworden wären. Der Osten hat nur sehr häufig in gewissen Gegenden und keineswegs überall große Gutsherrschaften gezeitigt, die man ihm so oft als alleinherrschend nachsagt. Und im Westen liegt es ähnlich: hie und da, aber im ganzen selten, finden wir auch im Westen gutsherrliche Betriebe, besonders im Domanium; nur bilden sie hier die Ausnahme; weit überwiegend ist das Weiterbestehen der Grundherrschaft, ohne Aufsaugung des Bauerlandes, also auch ohne großen eigenen Betrieb; und im großen und ganzen ist es also erlaubt, zu sagen, der niedersächsische Grundherr will Grundherr bleiben.

Aber diese Grundherrlichkeit verändert sich im Laufe der Zeit, wesentlich durch Einwirkung des Landesherrn und hauptsächlich aus Gründen der Steuerverfassung. Die landesherrliche Steuer liegt auf dem bäuerlichen Meiergut. Dies ist der entscheidende Punkt. Man kann nicht sagen, daß es eine persönliche Steuer des Meiers war; ebenso wäre es aber falsch, an eine Grundsteuer zu denken, die auf die einzelnen Ackerstücke dinglich befestigt gewesen wäre. Vielmehr ist es eine dingliche Steuer, die auf dem Meiergute als solchem liegt; nur so lange Meiergüter da sind, wird von denselben die Steuer erhoben. Würde das Meiergut zerrissen, so fiele damit auch diese Steuer fort.

So gewinnt der Staat ein gewaltiges Interesse daran, daß stets Meiergüter vorhanden sind. Daher wird im Laufe des 16. Jahrhunderts durch Gesetze des Landesherrn die Erblichkeit des Meierbesitzes eingeführt; denn auf diese Weise gelingt es am einfachsten, das Fortbestehen der Meiergüter zu sichern.

Gleichzeitig sorgt der Staat dafür, daß der Meier für ihn leistungsfähig bleibe: es wird deshalb dem Grundherrn untersagt, den Meierzins zu erhöhen.

Beim Ausbruch des Dreißigjährigen Krieges ist dies alles schon in voller Wirkung.

In diesem langen Kriege geht es auch dem niedersächsischen Bauern sehr übel; er kommt in Vermögensverfall, er verliert in tausenden Fällen sein Gut. Die Bauernstelle wird „wüst“, wie der amtliche Ausdruck lautet; aber dies bedeutet nur, daß kein Meier mehr da ist; hingegen sind nicht etwa die Äcker unbebaut; sie sind nach wie vor bebaut, aber nicht bemeiert.

Und wer bebaut die meierlosen Äcker? Keineswegs bebaut sie der Grundherr selbst, dem dies gar nicht in den Sinn kommt. Die Äcker sind vielmehr mannigfach veräußert an solche Landleute, die nicht Meier sind; das Meiergut ist zersplittert; die einzelnen Bestandteile sind in die Hände der geringeren Klassen der ländlichen Bevölkerung gefallen. Manche Äcker hat ein Kötter inne; andere bebaut vielleicht ein Häusler, wieder andere ein Anbauer, lauter kleine Leute, deren Begriff uns hier nicht weiter beschäftigen soll. Es ist genug, sich zu merken, daß der Kötter, Anbauer und Häusler, auch wenn er solche Äcker im Besitze hat, nur seine höchst geringe Steuer an den Landesherrn leistet — während die so erhebliche, ja unentbehrliche Steuer des Meiers wegfällt, wo kein Meier ist.

Gewiß hätte man hier durch Verwandlung der persönlichen Steuer in eine eigentliche Grundsteuer helfen können. Aber so war's nun einmal nicht. In Niedersachsen half sich der Staat auf andere Weise. Der Staat verlangte nach dem Dreißigjährigen Kriege, daß das grundherrliche Land aus jener Zersplitterung erlöst und wieder, wie vorher, in die Hände richtiger Meier gegeben werde. Das verlangte er, und das setzte er durch. Die Meierhöfe mußten wieder zustande gebracht, sie mußten „redintegriert" werden. Also, statt die Steuerverfassung zu ändern, läßt man diese vielmehr bestehen und stellt diejenige rechtliche Verfassung der Höfe wieder her, worauf die Steuerverfassung ursprünglich aufgebaut war. Die Redintegrationsgesetze zwingen den Grundherrn, sein Land aus den Händen der Kötter, Anbauer und Häusler herauszunehmen und es wieder an Meier auszuthun. Das geschieht, und die Steuern fließen wieder so reichlich wie zuvor.

Der Meier ist also für den Staat der wichtigste Steuerzahler. Es kann nicht Wunder nehmen, wenn der Landesherr diesen wertvollen Mann auf alle Weise behütet und bevormundet: überall hat der landesherrliche Amtmann zu sorgen, daß der Meier bei Kräften sei. Das Gut muß ungeteilt bleiben; die Verschuldung ist verboten; zu allen wichtigen Handlungen des Meiers ist die Zustimmung des Amtmanns erforderlich. Während man erwarten sollte, daß der Grundherr diese Vormundschaft über den Bauern ausübt, thut es vielmehr, aus Steuerinteresse, der Staat. Der Staat hat also von den Obliegenheiten des Grundherrn diesen wichtigen Teil auf sich genommen. Infolge dessen sieht der Bauer beinahe schon den Staat für seinen öffentlich-rechtlichen Grundherrn an. Der privatrechtliche Grundherr, historisch betrachtet der einzige, der diesen Namen eigentlich verdient, ist gleichsam verkümmert zu einem Rentengläubiger, dessen Rentenforderung noch dazu, wie bekannt, niemals erhöht werden darf.

Also ein völlig anderer Verlauf im Westen als im Osten. Hier wie dort allerdings stehen König, Ritter und Bauern auf dem Schachbrett; aber bei aller Gleichheit der Figuren — wie viele verschieden laufende Spiele giebt es nicht im Schach und im Leben!

Aus der eben geschilderten Entwickelung erklärt sich das eigentümliche Erbrecht der hannöverischen Bauern. Es folgt der Sohn dem Vater, oder vielmehr einer der Söhne tritt oft noch bei des Vaters Lebzeiten an die Stelle des Vaters. Dem Staat ist dies, als einfachste Lösung der Nachfolge, durchaus bequem, und der Grundherr hat gar kein Interesse, es anders zu wünschen, da er die Bedingungen der Übernahme nicht mehr ändern darf, was den Zins betrifft, und da, was die Bevormundung betrifft, der Staat diese an sich gerissen hat. Also bleibt der alte Meierzins, und der Amtmann giebt zur Übernahme des Hofs durch einen der Söhne seinen staatlichen Segen. Dieser Sohn heißt der Anerbe. Die anderen Kinder, die Geschwister des Anerben, haben natürlich gar keinen Anspruch zu erheben, soweit das Meiergut in Betracht kommt. Nur soweit, als es sich um allodiale Hinterlassenschaft handelt, reden die Geschwister mit und verlangen auch ihren Teil. Aber kein Geschwister verlangt etwa vom Anerben eine Herauszahlung dafür, daß er allein den Meierhof erhält. Nicht etwa deshalb, weil sonst der Anerbe zu sehr belastet wäre; vielleicht wäre er das, aber nicht weil Zweckmäßigkeit es anrät, bleiben die Geschwister ohne Abfindung; sondern deshalb, weil eine Abfindung der Geschwister rechtlich gar keinen Sinn hat. Denn das Meiergut ist nicht Eigentum der Familie, wie ein nebenbei angekaufter Acker oder Garten oder wie eine ersparte Summe Geld es wäre. Das Meiergut gehört ja, rechtlich betrachtet, noch immer dem so sehr in seinen Befugnissen beschränkten Grundherrn! Der Bauer hat nur ein Nutzungsrecht an fremder Sache, genauer an fremdem Boden; und dies Nutzungsrecht ist erblich geworden. Das Anerbenrecht ist die ganz natürliche Ausgestaltung der Thatsache, daß das Meiergut kein Eigentum des Meiers ist.

Auf andere Einrichtungen beim Meierrecht, wie Interims-Wirtschaft und Leibzucht oder Altenteil, können wir hier nicht eingehen. Wohl aber sei hier wieder ein Blick auf den Osten gestattet.

Im Osten bestand vielfach ein „erblich lassitisches" Besitzrecht des Bauern. Dies ist juristisch nicht so fein ausgebildet, aber es ist in den Grundzügen dem erblich gewordenen Meierrecht ganz ähnlich. Vor allem war auch hier ein „Annehmer" des Guts, der ebenfalls seine Geschwister für die alleinige Übernahme des Gutes nicht entschädigte. Der erbliche Lassit zahlt allerdings in der Hauptsache nicht Meierzins, sondern er leistet Fronden; denn sein Herr lebt nicht sowohl von Abgaben als von eigner Wirtschaft, die er durch Bauerndienste bestreitet. Das erbliche lassitische Besitzrecht im Osten ist also eine Art erblichen Meierrechts, angepaßt an die östlichen Verhältnisse der Gutsherrlichkeit.

Als man in Preußen den Lassiten zum Eigentümer machte, fiel ohne weitere Umstände auch das Anerbenrecht fort; der Annehmer mußte sich von da an mit den Geschwistern auch wegen des Gutes auseinandersetzen. Man fand dies so selbstverständlich, daß man gar keine Worte darüber verlor; fast lautlos wurde diese Änderung in Preußen eingeführt, und nur in der Praxis wurde dem Annehmer eine erhebliche Bevorzugung eingeräumt.

Dies geschah in der Zeit der liberalen Hardenbergischen Reformen, im Anschluß an die große Revolution.

Wie wirkte nun das Zeitalter der Revolution auf die Verhältnisse Hannovers?

Zunächst verschwand der hannoverische Staat auf eine Zeitlang ganz, indem der südliche Teil zum Königreich Westfalen, der nördliche hingegen zum französischen Kaiserreiche geschlagen wurde.

Mit ähnlichem Eifer, wie Bonifazius heilige Eichen fällte, als er das Christentum in der Gegend Fuldas verkündigte, stürzte sich die französische Gesetzgebung auf die Überreste der mittelalterlichen Agrarverfassung Niedersachsens. Aufhebung aller Grundherrschaft, vor allem Vertilgung der alten Leibeigenschaft, die ja neben dem Meierrecht hie und da noch vorkam, war die Losung. Diese alte Leibeigenschaft war aber dem Recht der freien Meier ganz ungemein ähnlich geworden, nur daß noch einige recht unerhebliche Abgaben, wie Todfall, daneben bestanden.

Kurz darauf, im Jahre 1815, wurde der hannoverische Staat wieder aufgerichtet. Ohne zu fragen, ob die französischen Neuerungen zweckmäßig seien oder nicht; ohne Anerkennung der wirksam gewordenen fremdherrlichen Gesetze schritt Hannover zur einfachen Wiederherstellung des alten Zustandes; weniger aus Begeisterung für das Alte, als vielmehr im Gefühl vermeintlicher staatlicher Würde. Mit niedersächsischer Zähigkeit wollte man das Alte, auch wenn es schlecht wäre, zunächst wieder aufrichten, um es selber zu verbessern. Die Fremden sollten hier keine Spur ihrer Wirksamkeit hinterlassen.

In diesem Zusammenhang begreift man, daß Hannover auch, neben vielem anderen, die Leibeigenschaft, wo sie bestanden hatte, wieder aufleben ließ; daß heißt, praktisch betrachtet, bei gewissen Meiern wurde der herkömmliche Todfall wieder eingeführt. Von einer Wiederbelebung irgend einer Sklaverei oder auch nur Unfreiheit war dabei gar nicht die Rede. Man kann über diesen Eigensinn lächeln, aber zu einer stärkeren Empfindung liegt kein Anlaß vor.

So waren denn die Wirkungen der großen französischen Revolution wieder aufgehoben.

Aber wie es zu gehen pflegt: Der konservative Mensch ist überzeugt, daß er stets rechtzeitig seine maßvollen Neuerungen von selber beginne, und doch wird er in der Regel vom Drange seiner radikaleren Gegner in Bewegung gesetzt. So blieb man in Hannover beim Alten, bis neue revolutionäre Stimmungen im Jahre 1830 um sich griffen; dann erst schritt man zur Herstellung moderner Verhältnisse, durch sogenannte Ablösungen. Das Wesen der Ablösungen ist höchst einfach: alle bäuerliche Leistungen an den Grundherrn werden in Geld geschätzt und als Geldschuld auf das Grundstück gelegt, und es wird eine Regel aufgestellt, welche besagt, wie diese jährliche Geldschuld durch einmalige Kapitalzahlung getilgt werden kann. Ist dies geschehen, so hat der Bauer keine Beziehung mehr zum ehemaligen Grundherrn. Die Grundherrschaft ist damit aufgehoben. Den liberalen Forderungen ist Genüge geschehen. Man sagt dem Landmanne, daß er nun in die Neuzeit eingetreten sei; was er sonst vielleicht in Hannover kaum bemerkt hätte, da die mitabgelösten Fronden gar nicht von wesentlicher Bedeutung waren. Immerhin war es nötig, denn es giebt in diesen Dingen ein unabweisbares Mitthun, und auch der Staat will schließlich nicht immer wieder hören, daß er zurückgeblieben sei; denn dies schädigt auf die Dauer sein Ansehen.

Also von 1830 an läuft die Ablösung, die in Preußen bereits früher, in anderen Staaten, z. B. Bayern, erst später einsetzt. Der Bauer hat keinen Grundherrn mehr, gerade wie anderwärts.

Aber nun kommt das Besondere für Hannover. Der Bauer hatte neben dem Grundherrn noch einen Vormund, und dieser Vormund war der Staat, verkörpert im Amtmann. Diese staatliche Vormundschaft dauerte fort. Der grundherrnlose Bauer bleibt unter der Aufsicht des Amtmanns. Wenn der Bauer sein Gut verschulden will, muß es der Amtmann erst erlauben; der Amtmann wacht auch über den Verkauf; der Amtmann besieht sich den Anerben, ob er tauglich sei. Denn das bäuerliche Gut, obgleich grundherrnlos, ist nicht allodial geworden. Zwar heißt der Bauer nun Eigentümer, aber der Staat als Vormund hat dem Bauer nicht die unbedingt freie Verfügung, auch nicht das gemeine Erbrecht, wie beim Eigentum üblich, eingeräumt; sondern er hat das Anerbenrecht für bäuerlichen Besitz ausdrücklich aufrecht erhalten. Die Grundherrschaft ist zwar fort; aber die alten vormundschaftlichen Befugnisse — natürlich nur in figürlichem Sinn — des Grundherrn hatte der Staat längst an sich genommen und behielt sie bei, als der Bauer zum sogenannten Eigentümer wurde. Der hannoverische Bauer heißt Eigentümer, steht aber unter staatlicher Vogtei und hat noch Anerbenrecht.

Erst als Hannover zum zweitenmal als Staat verschwand, indem es sich in eine preußische Provinz verwandelte, wurde diese Vogtei des Staats aufgehoben; denn in Preußen lebte damals noch die liberale Überlieferung in der Agrargesetzgebung.

Heutzutage giebt es eine mächtige Bewegung, die jene Vogtei wieder herstellen möchte, sei es ganz und gar, sei es in wichtigen Teilen. Ob dies berechtigt ist, berührt uns wenig, denn wir haben ja die Politik von unserer Betrachtung ausgeschlossen. Nur die Geschichte der Grundherrschaft in Niedersachsen war unser Gegenstand. —

Für die Neuzeit ist diese Geschichte nicht sehr reizvoll. Die böhmisch-mährischen Gewaltthaten fehlen ihr, wie auch kein Kaiser Joseph, ja überhaupt kaum ein hervorragender Mann hier durch seine Thaten leuchtet. Auch der Inhalt der preußischen agrarischen Geschichte klingt hier nicht an, es fehlt das Bauernlegen, es fehlt die Verwandlung der kleinen Leute in Landarbeiter, es fehlt der kecke Junker und der heftig hineinredende König. Mit Recht ist von einer neueren Bauernbefreiung hier gar nicht geredet; denn die Ablösungen waren nicht verbunden mit einer Standesveränderung des längst schon freien Bauern, sie waren ein notwendiges, aber geräuschloses Verwaltungsgeschäft von bescheidnerer Art.

Die Geschichte der ländlichen Verfassung Niedersachsens hat

vielmehr ihren Schwerpunkt in den älteren Zeiten. Es handelt sich überall um Grundherrschaft, und die Grundherrschaft ist der Schlüssel zum Mittelalter. Die Grundherrschaft, obgleich nach Ländern etwas verschieden ausgebildet, war im ganzen nicht national, sondern international. Eine genauere Beleuchtung Niedersachsens wirft also zugleich einen hellen Schein auf den ganzen europäischen Westen, vor allem auf die Zustände des flachen Landes, wie sie bis zur französischen Revolution bestanden haben. Nun liegt der Westen offen, wie der Osten offen liegt. Das war es, was wir mit harter Arbeit erreichen wollten, manchem zu Nutz und Frommen, keinem zu Trutz oder Leid.

# Siedelung und Agrarwesen nach A. Meitzen.

---

August Meitzen, Wanderungen, Anbau und Agrarrecht der Völker Europas nördlich der Alpen. Erste Abteilung: Siedelung und Agrarwesen der Westgermanen und Ostgermanen, der Kelten, Römer, Finnen und Slaven. 3 Bde. und ein Atlas. Berlin 1895.

---

Das umfassende Werk, großartig angelegt, wie der verwickelte Titel erraten läßt, handelt von den agrarischen Altertümern des nördlicheren Europas und zwar sozusagen erschöpfend, denn es dürfte schwerlich ein wichtiger Gegenstand unberührt geblieben sein. Hören wir doch sogar von der ursprünglichen Ausbreitung der Iberer, die aus seltsamen Steinsetzungen erschlossen wird; von Pfahlbauern am Ufer der größeren Seen; von nordwärts gedrängten Finnen; von Kelten, die erst später nach Westen geschoben wurden; auch der römische Pfahlgraben, der durch das südliche Deutschland läuft, wird besprochen, und es fehlt sogar die ausführliche Betrachtung der Häuserformen nicht. Jedenfalls haben wir das an Thatsachen reichste Werk vor uns. Man sieht, es ist die Frucht eines ganzen Lebens. Mit dem herzlichsten Danke müssen wir den Verfasser begrüßen, der ein Sammlerleben auf diese Weise seinen Landsleuten fruchtbar macht.

Unsere deutsche Art der Gelehrsamkeit, zur Kompilation geneigt wie sie ist, läßt erwarten, daß hier zunächst alle monographischen Arbeiten ausgebeutet sind. Dies ist allerdings der Fall, denn es ist dem Deutschen schwer, diese Pflicht unerfüllt zu lassen. Aber daneben liegt hier noch eine ganz andere Leistung vor und hierin wird man Meitzens stärkste Eigenschaft erkennen: ein ganz neuer Quellenkreis ist für die Forschung über Agrarwesen und Völkerwanderung erschlossen, nämlich das Studium der Gemarkungskarten.

Solche Karten, die man wegen des wichtigsten Bestandteils der Gemarkung auch Flurkarten nennt, hat allerdings der Däne

Olufsen und nach ihm unser Aller Meister Georg Hanssen bereits sinnvoll zu betrachten gelehrt. Aber dabei waren immer nur gewisse Gemarkungen, zufällige, einzelne, im Spiel. Meitzen hingegen hat die Untersuchung der Gemarkungen systematisch betrieben; er hat die ausgedehntesten Länderflächen lückenlos durchforscht und die allerwichtigsten Unterschiede herausgefunden und so auf der Karte Europas Grenzlinien und Verbreitungsgebiete entdeckt, von denen wohl niemand bisher eine Ahnung hatte.

Man stelle sich vor, was das heißt! Ich meine nicht die endlose Arbeit, in Katasterbehörden eine Karte nach der andern zu beschauen, die lehrreichsten auszuwählen und Kopien davon zur Sammlung zu legen. Dies muß eine ganz unerhörte Arbeit gewesen sein, von der ich aber gar nicht rede. Ich meine vielmehr: es ist eine ganz bedeutende That, für historische Fragen eine besondere Art von Quellen — eben die Gemarkungskarten — aufzuschließen, an die bis dahin eigentlich noch niemand gedacht hatte. Man quälte sich mit Auslegung dunkler Stellen aus Tacitus und Cäsar; man würfelte die Völkernamen aus Pytheas und Strabo zu immer neuen, aber nichtssagenden Anordnungen zurecht und legte philologisch den Sinn von Ortsnamen aus. All dies ist ganz gut. Aber wenn von Gemarkungskarten was zu lernen ist, so haben diese den Vorzug, daß sie lückenlos zur Verfügung stehen, zweifellos echt und ungemein ausgiebig an Inhalt sind. Meitzens Erfolg auf diesem Gebiet des Quellenaufschlusses ist so groß, daß binnen kürzester Zeit jedermann erstaunt fragen wird, wie es möglich gewesen sei, die Urgeschichte ohne Gemarkungskarten zu studiren; und das Merkwürdige daran wird sein, daß es erst Meitzen gethan hat.

Um nur gleich ein Beispiel anzuführen: es ist bekannt, daß die Westfalen vielfach, sogar vorwiegend, in Einzelhöfen wohnen, während sonst, z. B. auch bei den Ostfalen, Dörfer üblich sind. Wo ist nun die Grenze des Einzelhofgebietes? Dies ist nur durch Studium hinreichend deutlicher Karten und, wenn die Generalstabskarte nicht mehr reicht, durch Gemarkungskarten festzustellen. Die Grenze läuft bekanntlich, was Osten und Süden betrifft, an der Weser hinauf nach Rinteln, und von da westlich abbiegend nach Neuß am Rhein. Und innerhalb des Einzelhofgebietes giebt es wieder eine Ausnahme, das heißt eine Dörfergegend: es ist dies der sogenannte Hellweg, ein Landstrich in der Nähe von Dortmund.

Gesetzt nun, die Art der Besiedelung stehe in innerem Zusammenhang mit Volksart, Abstammung und vorhistorischen Ereignissen: so ist hier ein Quellenkreis erschlossen, welcher noch redet, wenn sogar Schillers „tausend Steine“ verstummen, „die man aus dem Schoß der Erde gräbt.“

Da nun die neu hinzugekommenen Quellen eben jene Gemarkungskarten sind, so wird Meitzen wohl da am siegreichsten sein, wo er Fragen geographischer Verbreitung behandelt. Hier kann ihm eigentlich niemand widersprechen, denn niemand hat größere Erfahrung als er. Es muß Jahrzehnte dauern, bis jemand hier überhaupt nur etwa nötige Berichtigungen beifügt. Bis dahin werden wir die Übersichtskarte, die am Anfang des beigegebenen Atlanten steht, als maßgebend annehmen, und selbst wenn einzelnes hinzukommen sollte, wird jeder Kenner von Meitzens Grenzenziehung reden. —

Nicht ganz so „streitfrei“, um sein Lieblingswort hier zu gebrauchen, werden die Anschauungen Meitzens über die Uranfänge unsrer Landwirtschaft bleiben. Aber das ist nicht seine Schuld. Sobald man über das Beweisbare hinausgeht, fangen die persönlichen Neigungen, die Weltanschauung, die Individualität an, sich hineinzumischen. Man möchte fast zweifeln, ob hier Einigung erreichbar sei. Immerhin versuche ich wenigstens zu sagen, worin ich abweiche, um auf diese Weise ungefähr die Linie zu ziehen, wo das Bewiesene aufhört und die Freiheit des Meinens fortbesteht.

Wer ein Bekenntnis darüber ablegt, wie er sich die Uranfänge unserer Seßhaftigkeit und unsres Ackerbaues denkt, der wird vorsichtiger Weise mancherlei unterscheiden. Die Stämme, aus deren letzter Mischung während der sogenannten Völkerwanderung schließlich die Deutschen hervorgegangen sind, kamen aus fernen Gegenden hergewandert — aber sie waren deshalb nicht Nomaden. Es sind vielmehr Völker gewesen, die vor ihrem Aufbruch wohl mit dem Ackerbau bekannt waren, die nur aus irgend einer Not neue Gebiete zum Wohnen aufsuchten. Der wandernde, gleichsam Wohnung suchende Stamm, dem der Ackerbau längst geläufig ist, wird dadurch nicht zur nomadischen Horde, die in der Hauptsache nur Viehzucht betreibt.

Hält man dies fest, so hat man es also für die Anfänge der Geschichte — soweit sie sich auf deutschem Boden abspielt — nicht mit der Frage zu thun, wie der Nomade zum Ackerbauer wird, sondern mit der ganz anderen Frage, wie wandernde Stämme von Ackerbauern sich auf neuem Gebiete niederlassen. Beide Fragen laufen mitunter ein wenig durcheinander; man gewinnt den Eindruck, als wenn beides auf deutschem Boden, und zwar gleichzeitig, stattgefunden hätte.

Über den Uranfang des Ackerbaues hat Hanssen bekanntlich mit gewohnter Meisterschaft gehandelt. Es gab, nach ihm, sehr früh Landstücke, die, gering an Umfang, aus dem Weidelande, vielleicht durch Umzäunung, ausgesondert wurden. Auf diesen Stücken — nennen wir sie Schläge — wurde Getreide gebaut, nur wenig, als willkommene Ergänzung der von Herden stammenden Ernährung. Das Getreide gedeiht nur eine kurze Reihe von Jahren am gleichen Ort und es muß, nach Erschöpfung dieses Bodens, irgendwo anders ein neuer Schlag aufgethan werden, wenn Getreide weiter gebaut werden soll. Einen Feldbau dieser Art, mit zeitweilig benützten Schlägen, deren Lage noch ganz unregelmäßig in dem weiten Revier des Weideganges ist, nennt man bekanntlich: wilde Feldgraswirtschaft. Dies wäre also notwendiger Weise das erste Betriebssystem.

Hierüber sind alle einig, obgleich keine Spur von Urkunde über diesen innerasiatischen Vorgang auf uns gekommen ist. Hier redet gleichsam die Natur der Sache.

Nun denke ich mir, daß unsre Wanderstämme, als sie den Boden des jetzigen Deutschlands erreichten, diese Stufe des

Ackerbaues jedenfalls schon kannten. Wie werden sie sich also niedergelassen haben? Offenbar unter Benutzung dieses Herkommens, mit Anpassung an die Örtlichkeiten.

Der große Stamm mußte in kleinere Gemeinden zerlegt und jeder Gemeinde eine Gemarkung zugewiesen werden. Auch hierüber sind alle einig.

Nun aber geht die Entwickelung auseinander. Wenn unsre Gemeinde jeder Familie einen besonderen Ort zum Betrieb ihres Ackerbaues überläßt, so entstehen Einzelhöfe, deren zusammenliegende Äcker das große Allmendland der Gemeinde stellenweise unterbrechen. Eine andere Entwickelung wäre zum Beispiel diese: wenn der „Schlag" bei der wilden Feldgraswirtschaft aus gemeinsamer Rodung vieler entstand, so kann dies so geschehen sein, daß der Schlag in Streifen geteilt und jedem Rodenden ein Streifen überlassen wurde. In diesem Falle war der Schlag zunächst eine Betriebseinteilung, zugleich aber — ein Gewann! das heißt ein Abschnitt auf der Flur, aus parallelen Äckern gebildet; mithin eine topographische Einteilung, jedesmal eine Staffel der Rodung verratend.

Wo in dieser Weise gerodet wird, hat man in dem Gewann gleichsam die Zelle vor sich, aus deren häufiger Wiederholung — immer eine Zelle nach der anderen — sich nach und nach die Flur bildet. Das Gewann ist für die Flur, was der Baustein für das Haus, was die Zelle für die Wabe ist.

Hierdurch entsteht in ungezwungenster Weise, ganz von selbst, Gemengelage der Äcker für den einzelnen Besitzer: er hat Äcker in verschiedenen Gewannen.

Ist einmal dies die Art des Anbaues gewesen, ehe man sich auf deutschem Boden niederließ, dann wird sie auch bei der Niederlassung künstlich oder vielmehr bewußt hergestellt werden.

Aber diese Flureinteilnng kann niemals bewußterweise gewählt werden, ohne irgendwo unbewußt entstanden zu sein.

Es ist, nach mir, ein Fehler Meitzens, den er aber mit vielen anderen Forschern und leider auch mit Hanssen teilt, daß er sich die Entstehung der Gemengelage mit Gewannen rationalistisch vorstellt.

Freilich, die bekannte rationalistische Vorstellung war wenigstens eine Art von Erklärung der so schwer begreiflichen Thatsache — aber heute sollte man sich nicht mehr erlauben, was bei Olufsen und Hanssen ein Fortschritt war. Die rationalistische Erklärung der Gemengelage mit Gewannen lautet nun bekanntlich so:

Die Gemeinde hat eine Gemarkung; darin sondert sie die Flur ab und teilt dieselbe nach der Bodenbeschaffenheit in Stücke von Parallelogrammform (Gewann); hierauf teilt man jedes Gewann in Streifen (Äcker) und weist nun jedem Bauer in jedem Gewann einen Acker an.

Es ist kein Zweifel, daß bei diesem Verfahren dieselbe Art von Gemengelage herauskommt. Es ist auch vollständig zuzugeben, daß die Gemarkung jüngerer Tochterdörfer so entstanden sein mag, nämlich mit bewußtester Nachahmung der Zustände in den Mutterdörfern. Aber wir wollen ja nicht wissen, wie man diese Flureinteilung nachmacht, sondern wie man zuerst darauf verfiel! Und daß man auf diese Weise zu jener Gemengelage gelangt sein könne, ist rein unmöglich. Dazu hätte ein Gott gehört, der diese sinnreiche Art der Verteilung des Ackers den Menschen offenbart hätte, wie ja die nordische Sage auch behauptet. (Und fast mit Recht; denn dem naiven Nachgeborenen erscheint die Anhäufung der Kultur, die er antrifft, die er aber nicht werden sieht, als ein fertiges Geschenk der Götter — während doch die Götter zwar schenken, aber nie Fertiges schenken.)

Hören wir vorher die Gründe der rationalistischen Erklärung. Wenn man es so macht, sagt Olufsen, dann erhält jeder Bauer genau dieselbe Art von Boden zur Bebauung, denn er ist ja an jedem Gewann mit einem Acker beteiligt. Also entstehen Bauerngüter, bei denen jeder Streit wegen der Güte des Bodens fortfällt. Ferner sind alle Gefahren des Ackerbaues — Überschwemmung, Hagelschlag, ja sogar der Schneckenfraß wird hier sorgfältig mitgenannt — von vornherein ausgeglichen. — All dies ist unleugbar der Fall. Aber es werden hier nur die Folgen jener Gemengelage ausgemalt (soweit sie vorteilhaft sind; und darauf kommt es ja an); und diese Folgen werden als

Zwecke aufgefaßt. Dies leugne ich. In der Schilderung der Folgen ist alles in Ordnung. Aber wie konnten Leute, die erst zum Ackerbau übergehen wollten, von vornherein auf Ausgleichung der Überschwemmungsgefahr, des Hagelschadens und des Schneckenfraßes denken? Es giebt aber zufällige Folgen, die wohlthätig, ja so wohlthätig sind, daß man sie als anfängliches Ziel auffassen möchte — und davon liegt hier ein Beispiel vor. Man verwechselt die Folge mit dem Zwecke.

Ferner hat die rationelle Erklärung noch ein anderes Ziel, einen weit wichtigeren Zweck, den sie jener Flureinteilung unterschiebt. Nur so konnte jeder Bauer gerade soviel gleich gutes Land bekommen, wie sein Nachbar. Alle Bauern waren gleich berechtigt, und jenes Verfahren machte es spielend leicht, die Ackerverteilung „streitfrei" zu ordnen. Der deutsche Bauer war hiernach bei seiner Niederlassung auf dem Boden unseres deutschen Vaterlandes vor allem von egalitärster Gesinnung; ihn beherrschte die Forderung der Gütergleichheit. Diese Leidenschaft war stark genug, die bisherigen Nomaden, am Tage ihres Übergangs zum Ackerbau, ein System erfinden zu lassen, das eines Euklid würdig war (der doch unter sonnigerem und rechenfreundlicherem Himmel lebte).

Natürlich ist bei dieser rationalistischen Erklärung das Hauptgewicht auf die Herstellung gleich großer Besitzanteile gelegt — während die Ausgleichung der Gefahren nur so nebenbei läuft.

Aber wer sieht es nicht, daß hier der deutsche Urbauer zu einem Fanatiker der Besitzesgleichheit gemacht wird — nur um die Gemengelage zu erklären? Giebt es denn irgendwo solche psychische Zustände, bei denen jeder dem anderen vor allem gleich sein will, in Zeiten, wo das Land kaum Wert hat und wo einer nicht einmal so viel brauchen kann, wie ein anderer? Außerdem: giebt es denn in jenen Gemeinden gar keine Geschichte? Haben sie etwa, vor Beginn des Ackerbaues, keine Vergangenheit gehabt? Ist es denkbar, daß sie aus lauter Gleichberechtigten bestehen, da sie doch selbst aus irgend einer Entwickelung hervorgegangen sind?

Kurzum, der Rationalismus zeigt hier seinen Pferdefuß: weil es rationell wäre, wenn alle Deutsche gleiche Bodenanteile hätten, so wird dies für die Urzeit angenommen und als Zweck der Gemengelage unterstellt.

Natürlich ist dies alles unhaltbar. Obgleich man durch jene Flureinteilung jene gleiche Austeilung des Besitzes erreichen kann, worüber ja kein Zweifel herrscht, ist auch dies nur eine nicht gewollte, sondern zufällige Folge, die erst nach und nach benützt wurde. Man darf die Gemengelage der Urzeit nicht aus diesem Bestreben heraus erklären, da dies Bestreben psychologisch ebenso unmöglich ist, wie etwa die Dreifelderwirtschaft als ältestes Betriebssystem. Die Gemengelage ist vielmehr die einfache Folge des langsamen Wachstums der Flur, wenn einmal das Zusammenwohnen (in Dörfern oder Weilern) gegeben war. Mit jeder Ausdehnung der Flur auf früheres Allmendland ist in solchen Fällen des Wohnens eine Ausbreitung der Gemengelage gegeben.

Überhaupt vergesse man nicht, daß Gemengelage keineswegs allein bei Gewannteilung der Flur vorkommt. Sehr häufig sind Fluren ohne irgend deutliche Gewanne, auf denen gleichwohl Gemengelage besteht. Wollte man dies mit der Olufsen'schen Ansicht vereinigen, so müßte man eine nachträgliche Verkümmerung der Gewanne annehmen. Damit kommt man oft zum Ziele, aber wohl nicht immer. Es giebt Fluren mit Gemengelage, wobei die Grundstücke selbst von Meitzen nicht mehr mit Gewannen in Beziehung gesetzt werden. Die Verteilung ist dann, nach Meitzen, blockförmig. Er sagt uns zwar nirgends genau, wie Blöcke aussehen; doch scheint er darunter Grundstücke von unregelmäßiger Gestalt zu verstehen, die ohne Ähnlichkeit untereinander sind und kein ordnendes Princip verraten.

Endlich hat Meitzen seit jeher sein Augenmerk gerichtet auf solche Fluren, wo der Landbesitz jedes Einzelnen in einem einzigen regelrecht verlaufenden Streifen besteht; die Höfe pflegen dann an einer Straße aufgereiht zu liegen, am Kopf des Landstreifens, der sich, senkrecht zur Straße, etwa am Thalhang hinaufzieht.

Es sind dies die Reihendörfer des inneren Odenwaldes, des Erzgebirges u. s. w., über deren Verbreitung niemand mehr Studien gemacht hat, als Meitzen.

Man hat also: Haufendörfer mit Gemengelage, und zwar solche mit deutlichen Gewannen; solche mit verkümmerten Gewannen und endlich solche ohne Gewanne, mit Blöcken. Ferner Reihendörfer (ohne Gemengelage) mit Landstreifen; endlich Einzelhöfe, bei denen das Land um den Hof herumliegt.

Wer hat nun diese Wohnorte angelegt? Meitzen erteilt eine sehr deutliche Antwort.

Das Reihendorf der Mittelgebirge, mit dem einen Streifen Landes, ist so rationell in seiner Anlage, daß man nur an einen vom Grundherrn entworfenen Plan denken kann. In der That sollen diese Dörfer verhältnismäßig jung, d. h. lange nach dem Ende der Völkerwanderung angelegt, sein. Man hat also hier das Planmäßige als Anzeichen, um nicht zu sagen als Beweis grundherrlicher Entstehung.

Bei den Dörfern und Weilern, bei denen zwar Gemengelage, aber keine Gewanne gefunden werden, vermutet Meitzen stets die grundherrliche Entstehung, weil er nicht zulassen will, daß grundherrnlose Bauern, überhaupt Bauern ohne Nötigung, diese Blockform für die vermengt liegenden Grundstücke wählen mögen. Hier wird also der Grundherr als Urheber vermutet, weil das Planmäßige fehlt.

Was die Einzelhöfe betrifft, so sind sie nach Meitzen ohne Einfluß des Grundherrn entstanden und gehen weit vor die Zeit zurück, da der Grundherr mächtig wurde.

Noch bleibt aber die wichtigste Form des Dorfes, die mit Gewannen: überall, wo Gewanne deutlich sind, wird Entstehung in der Urzeit, also Abwesenheit des grundherrlichen Einflusses vermutet. Und doch ist gerade das Gewann so sinnreich; das kommt aber nicht von einem planvollen Grundherrn her; sondern dies ist eben für das deutsche Volksland die volkstümliche Teilung. Der Volksgenosse war frei; er war mit seines Gleichen die Grundlage der kleinen Demokratie. Als sie sich niederließen, verstand es sich von selbst, daß ein Volksgenosse wie der andere auf Grundbesitz Berechtigung habe — und um diese gleichen Anrechte zu befriedigen, gerade hierzu war ja die sinnvolle Teilung der Flur in Gewanne, der Gewanne in Äcker erfunden. An unzähligen Stellen wird diese volkstümliche Teilung als etwas ganz besonderes an den Deutschen hervorgehoben. Ihre Überreste sind gleichsam das Verehrungswürdigste, was durch die unbewußte Schrift des Pflugs auf das Blatt unseres Bodens geschrieben wurde.

Auch hierbei ist es nun merkwürdig, daß, je planvoller die Gewanneinteilung ist, sie desto volkstümlicher sein soll, d. h. desto unabhängiger von jedem Grundherrn. Hie und da ist also der durchleuchtende Plan ein Beweis für grundherrliche Entstehung, hie und da ein Beweis dagegen. Mit anderen Worten: kein Beweis. Ja, ich möchte behaupten: nicht einmal ein Anzeichen.

Seien wir nüchtern genug, um folgendes zuzugeben: Wenn überhaupt eine regelnde Hand im Entwurf der Flur zu erkennen ist, so darf dies nicht bald für, bald gegen grundherrlichen Einfluß geltend gemacht werden. Ob ein Grundherr mitgewirkt hat, läßt sich ohne sonstige Beweismittel aus der bloßen Form der Flur nicht erkennen. Ich halte freilich z. B. die Reihendörfer für grundherrlich, aber nicht, weil sie regelmäßig sind, sondern weil man Nachrichten über sehr alte Abgaben hat.

Halten wir die Quellenkreise abgesondert! Gemarkungskarten zeigen deutlich die Lage der Äcker, aber die Lage der Menschen geht aus anderen Urkunden hervor.

„Aber es ist doch allgemein anerkannt, daß die Volksgenossen freie Bauern waren mit durchaus gleichen Anrechten." Gewiß war dies seit Grimm, durch Waitz und Maurer hindurch, sogar bei Hanssen, die herrschende Vorstellung. Wie anderwärts des näheren auseinandergesetzt ist, wird aber diese Ansicht sehr brüchig. Hier kommt es mir nur darauf an, zu zeigen, daß man dieselbe nicht braucht, um die Thatsache der Gemengelage mit Gewannen zu erklären. Im Gegenteil, man kommt ohne jenen romantisch-liberalen Unterbau viel besser fort. Man beginne doch beim Dorf: die Leute wollen in enger Nachbarschaft wohnen; das Gewann ist eine geläufige Vorstellung von der Zeit des feldgraswirtschaftlichen Schlages her; die Gewanne vermehren sich — und das Bild der deutschen Flur ist fertig. Wozu denn annehmen, daß irgendwann einmal alle Bauern gleichberechtigt waren? Und weshalb müssen denn die auf der Flur irgendwie Beteiligten gerade frei gewesen sein? Wenn irgendwo, so ist hier Freiheit und Gleichheit übel angebracht, da beides für den zu beweisenden Satz, d. h. für die Erklärung unserer Flureinrichtung, ganz unerheblich ist. Damit aber sage ich keineswegs, es wären alle ungleich oder es wären alle unfrei gewesen. Ich trenne nur die Fragen. Und ich finde es nicht einmal auffallend, daß Meitzen hier in seiner Sammlerfreude etwas zu weit geht. Dem Sammler wird sein Geschäft erst möglich, wenn er in Eifer gerät, und wenn man die Tragweite neu erschlossener Quellen einmal überschätzt, so ist das kein schlimmer, sondern ein läßlicher Fehler, vor allem in diesem Werk, dessen große Aufgabe es ist, die Kenntnis kulturhistorischer Thatsachen zu erweitern. —

Um dem Verfasser gerecht zu werden, darf man nicht die stählerne Härte Hanssens bei ihm suchen. Es ist vielmehr der bewegliche Spürsinn, der im einzelnen richtig sieht, und auch im ganzen sehr vieles richtig trifft, aber nicht immer seine Behauptung schulgerecht verteidigt. Mit unerhörter Findigkeit weiß er die unscheinbarsten Dinge zu verwerten, um wichtige Schlüsse daraus zu ziehen. Das wird nicht errechnet, sondern mit der Phantasie, mit lebendiger Anschauung ergriffen. In Coopers Romanen kommt ein Indianer vor, der in der Ferne eine Rauchsäule aufsteigen sieht; er beobachtet sie wenige Sekunden und sagt mit völliger Sicherheit: das ist das Feuer eines Bleichgesichts. Woran erkennt er das? Weil ein Indianer nur trockenes Holz (das nur schwachen Rauch entwickelt) verbrennt, ein qualmendes Feuer aber, in der Nähe von Feinden — kann nur von einem Europäer angezündet sein. An diese Art des Scharfsinns wird man auf jedem Blatt in Meitzens Werk erinnert. Wir heben einige Beispiele heraus.

Da wohnen z. B. auf dem linken Ufer des Niederrheins die ripuarischen Franken. Haben sie wohl in Dörfern gewohnt? Meitzen sagt nein, sie müssen in Einzelhöfen gewohnt haben, denn in ihrem Gesetzbuche (lex ribuaria) steht: wer eine Herde — worunter je 12 Kühe mit einem Stier verstanden werden — stiehlt, der bezahlt, außer dem Ersatz, 600 Solidi als Buße. Der Zusammenhang ist nun der: eine solche Buße ist ganz ungeheuer hoch, also muß jener Diebstahl als besonders verwerflich gegolten haben. Dann aber fragt man sich: wie soll denn, wenn dörferweise gewohnt wird, das Stehlen einer Herde — die ja unter einem Hirten weidet — so zu stande kommen, daß der Dieb gerade ein Dutzend Kühe erwischt?

Wenn aber der ripuarische Bauer in Einzelhöfen wohnt, dann hält er keine Hirten; sein Vieh, gerade etwa eine solche Gruppe, weidet aufsichtslos in Kämpen, die umfriedigt sind. Diese Art des Viehhaltens mit schweren Strafen zu sichern, hat das allergrößte öffentliche Interesse; und gerade hier ist es nicht nur möglich, sondern sogar ganz leicht, ein volles Dutzend Kühe auf einmal wegzutreiben (I, 566).

Also hat es in Ripuarien Einzelhöfe so gewiß gegeben — als jener Qualm vom Feuer eines Bleichgesichtes aufstieg.

Hier noch ein anderer Fall!

Friedberg, eine Stadt in Oberhessen, zeigt auf der Karte seiner Flur drei oder vier Quadrate, von Feldwegen scharf umzogen, gleich an Inhalt. Gewanne sind es nicht, sie umschließen vielmehr eine Anzahl von Gewannen. Und die Feldwege, zum Teil scheinbar verschwindend, laufen streckenweise „im Acker als steiniger Untergrund fort". Also sind sie älter als die jetzige Ackereinteilung. Nun aber sind auf deutschen Fluren die Wege jünger als die Ackereinteilung, und ganz fremd sind uns Systeme rechtwinkliger Wege, am fremdesten solche, die Quadrate einschließen.

Aus diesem Thatbestand, den überhaupt schwerlich jemand außer Meitzen bemerkt hätte, werden nun sehr interessante Schlüsse gezogen.

Zunächst giebt es bei Padua eine Gegend, auf der ein solches quadratisches Netz von Feldwegen auf Karten größeren Maßstabes sofort ersichtlich ist. Ein ähnliches Netz mit quadratischen Maschen findet sich bei Capua.

Liest man nun die Schriften der römischen Feldmesser (und wer liest die?), so steht darin genau beschrieben, wie man verdienten Veteranen ihr Land anweist; man teilt es in quadratische Stücke, gleich groß, von Feldwegen eingeschlossen.

Also sind jene Netze bei Padua und bei Capua ganz offenbar die heute noch sichtbaren Reste römischer Landanweisungen!

Und jene Quadrate auf der Flur von Friedberg sind ebenfalls Reste, und zwar bis jetzt die einzigen Reste römischer Landanweisungen, denn Friedberg war ein Hauptort des Limes romanus in der Wetterau und man findet dort sogar die Trümmer römischer Villen — warum nicht Spuren römischen Ackerbaues? So wären denn die unscheinbaren, von niemandem bisher jemals beargwöhnten Feldwege dieser wetterauischen Flur erklärt, mit einer Sachkunde, die den Laien an Zauberei erinnert. —

Solcher kleiner Perlen wären noch viele in dem Werk zu finden; die merkwürdige Geschichte der Hochäcker in der Nähe von München, ferner die bisher viel zu wenig beachtete Geschichte des Pflugs seien nur im vorübergehen genannt, ebenso die Abschweifung auf den Limes romanus. Das Werk ist so reich, daß allein die Überschriften zu geben schon eine Arbeit ist, und es liest sich auch nicht schwer für Leser, die wesentlich auf den Stoff achten, dessen Anordnung in Kapiteln und Beilagen durchaus gelungen ist. Man bedenke nur, welche Unzahl von Einzelheiten hier zu ordnen, zu verwalten, zu bewältigen war! Selbstverständlich kann es keine zusammenhängende Geschichtserzählung sein; die ganze Natur der Untersuchung ist beschreibend und daher war die Auflösuug in einzelne Studien der einzig mögliche Weg.

Werfen wir noch einen raschen Blick auf die Ergebnisse im großen.

Die erste Probe dieser Forschungen liegt schon seit vielen Jahren vor, in einer Abhandlung über die Waldkolonien im

Osten. Die Mittelgebirge Böhmerwald, Erzgebirge und Sudeten sind bedeckt von Bauernschaften, deren Häuser an der Straße in weiten Abständen aufgereiht sind, während hinter jedem Hause das zugehörige Land in einem einzigen breiten Streifen von der Thalsohle bis weit hinauf sich erstreckt. Wer sich nun die Mühe giebt, nach Meitzens Angaben die Verbreitung dieser Waldkolonien auf einer Karte aufzutragen, der findet ungefähr dasselbe Bild, wie wenn er die Ausbreitung der deutschen Sprache in der Nachbarschaft der Wenden und Tschechen gezeichnet hätte. Daraus aber geht sofort ein höchst wichtiger, bis dahin unbekannter Umstand hervor: die wendische Sprachinsel des Spreewaldes ist von ihrem slavischen Hinterlande abgetrennt durch solche deutsche Waldkolonien, und ebenso ist die Einschnürung des tschechischen Sprachgebietes und dessen nur schmaler Zusammenhang mit dem slowakischen Hinterlande durch das Vorrücken deutscher Hinterwäldler auf den Mittelgebirgen zu stande gekommen. So planvoll angelegte Kolonien, deren Grundriß noch bis heute erhalten ist, können aber nur unter bewußter Leitung eines Grundherrn zu stande gekommen sein. Und so kommt die Ausbreitung der Deutschen gegen Osten in Zusammenhang mit dem Streben von Grundherren, ihren Waldbesitz durch Rodung und Verleihung des Bodens an deutsche Bauern einträglich zu machen. Daß darüber etwa noch Urkunden in irgend beträchtlicher Menge erhalten wären, davon kann keine Rede sein. Hier wäre alles stumm, hätte man nicht jene — tausend Furchen, die man in den Schoß der Erde grub.

Gerade dies östliche Deutschland, seine Kolonisation im Mittelalter und das Entstehen des großen Gutsbetriebs daselbst am Beginn der Neuzeit, hat der Verfasser für spätere Zeit vorbehalten; davon soll erst die zweite Abteilung des Werkes handeln — und dies trifft sich insofern glücklich, weil gerade hierüber schon manches durch Abhandlungen Meitzens bekannt ist. Dagegen hat Meitzen seine Anschauungen über das ältere, westliche Deutschland hier zum ersten Mal in solcher Ausführlichkeit dargestellt.

Das Hauptergebnis für den Westen ist ungefähr folgendes: Ganz ungemein schmal ist das Land, auf welchem von jeher deutsche Stämme saßen; abgesehen vom skandinavischen Norden, ist es ein Strich, der zwischen der Unterweser und Unterelbe eingeschlossen ist; geht man weiter nach Süden, so bildet westlich der Limes romanus, östlich die Saale die Grenze und der querfließende Main schließt nach Süden ab.

Was von diesem Urdeutschland, wie wir es nennen wollen, im Osten liegt, ist erst späte Erwerbung durch Kolonisation, hauptsächlich auf Kosten der Slaven.

Was aber im Westen, also links der Weser, und was im Süden liegt, ist im wesentlichen, schon in früher Zeit, den Kelten abgenommen.

Nun findet Meitzen überall in Urdeutschland das Gewanndorf; woraus er schließt, daß diese Art der Ansiedelung ganz besonders den Deutschen, sobald sie einmal zum Ackerbau übergegangen sind, einleuchtend gewesen sei. Man liest zwischen den Zeilen als Gründe: die große Gerechtigkeit, die Ordnungsliebe und andere Tugenden, die uns auszeichnen. Denn als Grund für die Gewannbildung wird ja stets jenes Streben nach „streitfreier" Austeilung des Bodens betrachtet.

Westlich der Weser sind hingegen überall die bekannten westfälischen Einzelhöfe. Früher dachte man mit Tacitus, daß es in dieser Gegend den Deutschen gemütlicher geschienen habe, familienweise zu wohnen. Anders giebt nun Meitzen die Gründe an. Gerade links der Weser begann auch, nach Westen streichend, das Gebiet der Kelten, in welches die Deutschen erobernd einrückten. In Irland nun, dem reinsten Keltenboden, den wir kennen, wohnen die Eingeborenen von jeher in Einzelhöfen. Also, sagt Meitzen, der westfälische Einzelhof, auf ursprünglich keltischem Boden stehend, ist nicht geschaffen durch die Deutschen, sondern übrig geblieben aus den Zeiten der Kelten. Die Deutschen haben ihn vorgefunden und für ihre Zwecke eingerichtet. Daraus geht, nach Meitzen, noch ein anderes hervor. Wären die Westfalen bei ihrer Einwanderung schon Ackerbauer gewesen, so hätten sie ja sicher nach urgermanischer Weise Gewanndörfer angelegt; dies thaten sie aber deshalb nicht, weil sie noch Hirten waren und in den keltischen, zur Viehwirtschaft eingerichteten Einzelhöfen konnten sie bequem ihr Hirtentum vorläufig beibehalten (II, 658), bis sie, an diese Landteilung gewöhnt, später ohne Streit über die Ausgleichung zum Ackerbau übergingen. Auch das westfälische Bauernhaus erinnert nach Meitzen durchaus an das dreischiffige Haus der Kelten.

Man wird hier um so rascher zustimmen, je mehr man davon überzeugt ist, daß es zum Germanentum gehört, Gewanndörfer zu gründen, zum Keltentum, Einzelhöfe zu haben. Denn auf der vorausgesetzten Identität der beiden Unterscheidungen: Wohnart und Nationalität, beruht alles.

Aber wer verbürgt diese notwendige Übereinstimmung? Gerade auf dem besten Boden Westfalens, auf dem Hellweg, liegen ja Gewanndörfer, wie ausdrücklich hervorgehoben wird. Sollten nicht Gewanndörfer dem bequemen, ebenen, fruchtbaren Boden zuliebe gewählt sein, und dem welligen Lande, das mannigfach durchschnitten ist, zuliebe die Einzelhöfe?

Dies giebt Meitzen für den Hellweg nicht zu; er meint, die dort angesiedelten Marsen seien wohl erst gekommen, als sie bereits seßhaft, also schon Ackerbauer und Gewannbenützer gewesen seien.

Wie steht es denn aber mit Norwegen? Zweifellos sind die wenigen, zum Ackerbau tauglichen Thäler dieses Landes mit Einzelhöfen bedeckt, und zwar so, daß dem Reisenden nichts im ganzen Lande so sehr auffällt. Ebenso ist es sicher, daß der norwegische Bauer ein Germane ist. Für mich ergiebt sich hieraus keine Schwierigkeit; der Einwanderer, obgleich Germane, kam hier auf den sinnreichen Einfall, Einzelhöfe zu errichten, da es die Natur des Landes gebieterisch verlangt. Aber nach Meitzens Betrachtungsweise müßten wir hier fremde (in diesem Falle wohl finnische) Vorsiedler vermuten, denen der Einzelhof eine nationale Gewohnheit war, während der Germane, weil vorläufig Viehwirt, sich dieser Sitte anschmiegt. Oder sollten etwa Grundherren in Norwegen mitgewirkt haben? Kurzum,

Norwegen zeigt aufs deutlichste, daß sogar der Germane mitunter zweckmäßig, statt „volkstümlich" oder „volksmäßig" zu handeln versteht.

Unsere Westfalen, um auf sie zurückzukommen, dürften also da ihre Einzelhöfe errichtet haben, wo sie es für zweckmäßig hielten, gerade wie ihre keltischen Vorsiedler.

Nun dehnte sich bald die germanische Bevölkerung nach Oberdeutschland aus. Überallhin bringen die Deutschen ihre Gewanndörfer, „die fruchtbarsten, ziemlich ebenen Landstriche" (II, 600) sind damit bedeckt (man beachte: die fruchtbarsten). Daneben aber giebt es in Oberdeutschland zahlreiche Gegenden mit Weilern und Einzelhöfen, besonders in den unfruchtbareren Lagen (II, 662), und endlich werden die Weiler und Einöden, um den bayerischen Ausdruck zu gebrauchen, vorherrschend in der Nähe und im Innern der Alpen, wo sie, „durch die Natur fast ausschließlich geboten" sind (II, 662).

Hier spielen stets drei Gedanken durcheinander: Die Wahl der Ansiedelungsform kann von der Natur des Bodens stammen, sie kann Ausfluß nationaler Eigentümlichkeit sein und sie kann auf die herrschende Verfassung (Grundherrschaft oder nicht) zurückgehen. Natürlich ist hier keine Scheidung möglich. Gleichwohl entscheidet sich der Verfasser ohne Rückhalt und zwar auf der wichtigsten aller seiner Karten, im Atlasband, ganz zu Anfang. Da wird durch besondere Bezeichnung der Flächen hervorgehoben nicht etwa, wo Einzelhöfe oder Gewanndörfer sind — was doch allein erwartet wird; sondern die Erläuterung sagt ausdrücklich: „volksmäßige Gewanndörfer der Germanen", und andrerseits: „grundherrliche Dörfer, Weiler und Einzelhöfe im deutschen Eroberungslande."

Infolgedessen wird, wo man bloß Feststellung von Thatsachen erwartet, im Leser zugleich die Meinung erweckt, daß Gewanndörfer ganz besonders „volksmäßig", also Schöpfungen freier Bauern, hingegen Weiler vorwiegend grundherrlich, also Schöpfungen von Herrschern seien. Gegen diese Verquickung darf man wohl Protest erheben, denn darin steckt willkürliche Deutung.

Liest man aber die Karte ohne jene Auslegung und giebt man sich dem Inhalt der drei Bände willig hin, um neues zu erfahren, dann wird jeder billige Beurteiler gestehen müssen: ein so reiches Werk giebt es nicht weiter im Gebiete der Agrarforschung, weder bei uns noch sonstwo in der Welt. Man kann über die Begründung der eingeflochtenen Theorien hie und da mit dem Verfasser streiten, aber in Bezug auf die Thatsachen schafft Meitzen als Pfadfinder überall neuen Boden.

Wie es zweierlei Astronomen giebt, beobachtende und rechnende, so giebt es auch verschiedene Agrarforscher. In Hanssen war der kritische Geist verkörpert, in Meitzen hat der findige Sinn seine höchste Ausbildung erlangt. Seien wir froh, daß die deutsche Wissenschaft in jeder dieser beiden Richtungen einen Meister hervorgebracht hat.

# Biographische Beilagen.

E. Nasse.

F. B. W. Hermann und J. A. R. Helferich.

E. Engel. G. Hanssen.

# E. Nasse.

Nachruf, geschrieben für die Versammlung des Vereins für Socialpolitik in Frankfurt a. M. vom 26. September 1890.

Das erste Geschäft unserer Versammlung pflegt die Wahl eines Vorsitzenden zu sein. Wie diese Wahl heute ausgefallen wäre, wenn alles noch so stände wie früher, ist nicht zweifelhaft; wir hätten jedenfalls wieder den Mann zu diesem Ehrenamte berufen, der dasselbe seit vielen Jahren mit größter Ausdauer und vollendetem Geschick verwaltet hat, unseren sozusagen geborenen Vorsitzenden, den Geheimen Rat Erwin Nasse. Aber — er weilt nicht mehr unter uns; er, das Bild männlicher Kraft und Gesundheit, ist uns am 4. Januar 1890 völlig unerwartet entrissen worden. Kaum 60 Jahre war er alt, als er der Influenza zum Opfer fiel. Heute sind wir zum erstenmal seit diesem Ereignis wieder versammelt, und haben die Pflicht, dem Schmerz über den erlittenen Verlust hier Ausdruck zu verleihen. —

Was Nasse als Abgeordneter im preußischen Landtage und was er als akademischer Lehrer in Bonn geleistet hat, soll hier nicht genauer betrachtet werden. Wohl aber möchte ich einen Blick auf seine gelehrte Thätigkeit werfen, denn wir würden ihn, der durchaus ein Gelehrter war, auch als Menschen gar nicht verstehen, wenn wir über die Hauptseite seines Wesens ganz hinweggingen.

Nach kurzer Thätigkeit in Basel und in Rostock wurde Nasse im Jahre 1860 als Professor nach Bonn berufen und hat da 30 Jahre lang gewirkt. Damals, im Jahre 1860, waren die bekanntesten Nationalökonomen Deutschlands wohl folgende zwei: K. H. Rau in Heidelberg und W. Roscher in Leipzig. Rau hatte seine umfassenden Lehrbücher im trocknen Stile wohlgeordneter Kenntnisse geschrieben; er war der letzte Vertreter einer achtbaren, aber im Veralten begriffenen Richtung, die wir den süddeutschen Beamtenliberalismus nennen könnten. Roscher behielt die Form des breitangelegten Lehrbuches bei, aber er überraschte die Leserwelt durch eine ganz ungewohnte Beleuchtung der Dinge, indem alles im Flusse der Geschichte dargestellt wurde. Eine eigentlich socialpolitische Richtung gab es damals, vor dem Auftreten Lassalles, noch nicht. Das Wirken eines einflußreichen Redakteurs von Zeitschriften war noch nicht erfunden. Auch das Holtzendorffische Zeitalter der Sammelwerke war noch nicht angebrochen, in welchem nicht mehr die Bücher selbst, sondern nur noch die einzelnen Abschnitte derselben einen Verfasser haben.

Unser Gelehrter hat weder Lehrbücher geschrieben noch Zeitschriften oder Sammelwerke herausgegeben. Die vielen Schriften, die wir von ihm besitzen, sind alle von kleinerem oder mittlerem Umfang und lassen sich alle unter die Stilform der Abhandlung einreihen. In der Wahl dieser Stilform hat er Ähnlichkeit mit Georg Hanssen, der auch nur schwerwiegende Abhandlungen schreibt.

Die wissenschaftliche Abhandlung — möchte sie immer gepflegt und geachtet bleiben, denn auf ihr beruht recht eigentlich die Wissenschaft! Woher soll das Lehrbuch seinen Stoff nehmen, wenn nicht aus der Abhandlung! Sie hat zwei mächtige Nebenbuhler: den deutschen Aufsatz, für's Bedürfnis des Tages geschrieben, in Wochenblättern veröffentlicht, der dies oder jenes mehr oder minder „betont" und schließlich doch alles beim Alten läßt; und höher im Rang, die Rede des großen Stils, die uns mächtig erregt, Gefühl und Phantasie in Wallung bringt, aber doch mehr auf das Handeln der Hörer als auf ihre Erkenntnis wirken will und wirken soll. Beide nebenbuhlerische Kunstformen, Aufsatz und Rede, werden in weiten Kreisen genossen und gewürdigt; aber die Abhandlung, die dritte, und die bescheidenste in diesem Bunde, ist schlimm daran; sie spricht zum Verstand — und wer da auf ausgebreitete Wirkung hofft, der hat noch keine Abhandlung geschrieben.

Wie ein warmer Wind, der von Süden her über die Alpen stürzt und über Nacht auf weiten Flächen die Schneedecke schmelzt, so wirkt die gewaltige Rede. Aber das Wetter schlägt um und ein einziger Tag genügt, so ist die Straße über den St. Gotthard wieder tief verschneit und bleibt es, bis das Wunder des Föhns sich erneuert.

Dagegen sieht man an der Felswand bei Göschenen einen runden schwarzen Fleck, den Eingang einer künstlichen Höhle; im Hintergrunde derselben arbeitet, von außen unbemerkt, eine Stoßmaschine, welche stählerne Meisel ins Gestein treibt; der Schutt, den die Pulversprengungen liefern, wird mühsam nach hinten abgeräumt. Nach einigen Jahren emsiger heimlicher Arbeit öffnet der langersehnte Durchschlag eine Straße nach dem sonnigen Italien, die nicht mehr verweht werden kann und so fest steht wie der Fels, durch den sie führt.

Die langsame Bohrarbeit der Wissenschaft kommt nirgends anders als in der Abhandlung zum Vorschein.

Undankbarer Reisender, der Du bei der Fahrt durch den Tunnel schläfst! Undankbarer Leser von Lehrbüchern, der Du zwar nicht gerade schläfst, — denkst Du immer in Deiner Behaglichkeit an die Forscherarbeit, die einem sochen Werke vorangegangen sein muß?

Nasse gehört zu denen, die Abhandlungen zu schreiben verstanden. Das hat er durch unzählige Proben erwiesen. Man ist erstaunt über die Fülle der Gegenstände, über die er geschrieben hat[1]. Geldwesen und Bankwesen, englische und preußische Steuerpolitik, das englische Parlament, das preußische Beamtentum, die deutsche Handelspolitik, das Armenwesen — kurz, es giebt kaum ein Gebiet, zu dem er nicht wertvolle Beiträge geliefert hätte.

[1] Ein Verzeichnis der Schriften findet sich in den Jahrbüchern für Nationalökonomie und Statistik, Neue Folge, Bd. XX, Jena 1890, von K. L. veröffentlicht.

Am meisten beachtet sind die Abhandlungen über Geld und Bankwesen. Schritt für Schritt hat Nasse die großen Umwälzungen in Deutschland begleitet, stets voraussagend, was jetzt kommen müsse — und stets hat er dabei das Richtige getroffen. Merkwürdig ist, daß er die herrschende Stellung der preußischen Bank, wie sie heute ist, bereits im Jahre 1856 voraussah, also zu einer Zeit, ehe Preußen politisch eine herrschende Stellung besaß, und ferner zu einer Zeit, in der man uns für unumschränkte Errichtung von Zettelbanken zu begeistern suchte.

In diesen Schriften erscheint Nasse als volkswirtschaftlicher Politiker; er prüft die Lage der Dinge und erteilt Ratschläge für die Zukunft.

Anders steht es mit der Schrift über die mittelalterliche Feldgemeinschaft in England. Hier ist Nasse schlechthin Historiker, er fragt nur wie es früher gewesen und warum es anders geworden sei. Diese Schrift ist wenig verbreitet und nicht ganz leicht zu verstehen: sie hat aber sowohl in Deutschland als in England die höchste Anerkennung bei allen Agrarforschern gefunden. In ihr zeigt sich Nasses Eigentümlichkeit am stärksten: aus Schriftstellern und aus Parlamentsschriften sind versteckte, spärliche Thatsachen gesammelt; lateinische und angelsächsische Urkunden werden mit Scharfsinn ausgelegt; mit nüchterner Wahrheitsliebe wird nachgewiesen, daß auch in England früher Bauerndörfer die Regel waren, daß die Äcker im Gemenge lagen und daß man Dreifelderwirtschaft trieb — lauter Dinge, die es dort längst nicht mehr giebt, sowenig wie in Mecklenburg oder in Neuvorpommern. Auch dies ist bezeichnend: die Schrift liest sich schwer, obgleich sie wohl geordnet ist: es ist jedes stilistische Hülfsmittel, abgesehen von der Ordnung, wie mit Vorbedacht verschmäht; und der Verfasser hat eine gewisse Scheu vor kühnerer Zusammenfassung. Daß auch der Historiker ein Künstler ist und daß er mit wenigen Strichen ein Bild entwerfen darf, welches vielleicht unvollständig im einzelnen, aber im ganzen künstlerisch wahr ist, davon wollte Nasse nicht gern etwas hören, und so tragen seine vortrefflichen Untersuchungen meist den Charakter der gelehrten Vorarbeit.

Ich habe ihm einmal bei einer Flasche Wein gesagt, wie erstaunlich lehrreich die agrarische Schrift über England sei; wie viel mehr darin stehe als der Titel verrät; daß sie trotzdem einen Heißhunger nach Mehr erwecke und daß er allein in England und Deutschland berufen sei, die Geschichte der englischen Landwirtschaft nach der technischen und nach der socialpolitischen Seite zu schreiben. Da zog sich der also Angeredete immer mehr in sich selbst zurück, sah vor sich auf den Tisch und brachte nur mühsam die Frage heraus: „Glauben Sie wirklich? Meinen Sie, daß das möglich wäre?" Man hatte das Gefühl, als lebte er in geistiger Abgeschiedenheit; als wäre der tiefe Ernst seiner Natur und sein ehrlicher Sinn für die Erhaltung des Bestehenden doch zugleich eine Fessel für die volle Entfaltung seiner Kraft; und als hätte ihm im früheren Mannesalter ein teilnehmender anspornender Freund gefehlt, der ihm den fröhlichen Wagemut der Schriftstellerei hätte in die Seele flößen können.

In dieser Seele war eine Grundempfindung, die alles übrige weit überwucherte und beherrschte: es lag in seiner Natur, den fortbauenden und erhaltenden Kräften im öffentlichen Leben seinen thatkräftigen Beistand zu leihen. Vieles davon, vielleicht das meiste, war ihm angeboren; aber doch dürfte sein Lehrer, der ernste und feierliche Dahlmann, auch einiges zur Verstärkung dieser Anschauungen beigetragen haben; jedenfalls ist Nasses Verehrung für Dahlmann ebenso begreiflich, wie seine Vorliebe für den strengen Gelehrten und gesinnungstreuen Politiker Niebuhr: der Zug des Herzens richtet sich oft auf das geistig nah Verwandte, und wenn er zu jenen Männern als zu seinen Meistern aufblickte, so dürfen wir doch wohl sagen, daß er auch von ihrem Stamme war.

So erklärt sich auch Nasses ausgeprägte Neigung zum englischen Volk, dessen Thatkraft und Ernst, und dessen aristokratische Gesellschaftsordnung ihn anzog. Dort fand er die Leute, die ohne staatliche Besoldung freiwillig den Dienst für ihr Land übernehmen und immer nach ihrer Pflicht, dann erst nach ihrem Rechte fragen. Unser kleiner Adel leistet ja in Ämtern und Diensten viel, aber er lebt auch davon; und unser großer, unser hoher Adel, der keine Besoldung braucht — wie ehrenvoll, aber auch wie auffallend ist es, wenn wir ihn dem Staate dienen sehen, dem er im großen und ganzen entfremdet ist. Das ist doch in England ganz anders!

Freilich hätte Nasse es nie bis zur blinden Nachahmung getrieben, denn eine zweite große Neigung trug er in sich: die zum preußischen Staat. Nicht etwa diesen Staat in einen parlamentarischen verwandelt zu sehen, war sein Wunsch, sondern diesen Königsstaat aristokratisch, wie er das Wort verstand, regiert zu sehen, das hätte ihn mit Genugthuung erfüllt. Daß er sich als Preuße fühlte, war nicht etwa Überlegung und Entschluß, sondern es geschah mit ursprünglichster Selbstverständlichkeit; gesprochen hat er nie davon, aber man sah: für diesen Staat hätte er alles geleistet und alles hingegeben.

Männer von solcher Art sind immer religiös gewesen und so war es auch Nasse, der sogar in kirchlichen Verwaltungssachen gern ein Nebenamt übernahm. Vielleicht trieb ihn gerade auch in die Socialpolitik hinein vor allem ein religiöses Empfinden. Wenn zahlreiche Klassen von Menschen in gedrückter Lage, kaum fähig sich zu ernähren, aller höheren Lebensgüter unteilhaftig sind, da regt sich bei Nasse vor allem der Christ: da muß er auch die Hand angelegt haben, das gebietet ihm seine Art von Stolz — und so ist er in unsern Verein gekommen. Und was war er nun für uns, für die Mitglieder des Vereins, für den Verein selber?

Hier in unserer Mitte war es ganz unmöglich ihn zu übersehen, auch wenn er nicht auf dem Präsidentenstuhle saß: seine hohe, hagere Gestalt von etwas hartem Zuschnitt ragte um eines Hauptes Länge über Alle hervor.

Er erregte durch sein bloßes Auftreten Achtung, ohne das Vertrauen zu verscheuchen. Für jede Anrede zugänglich, zu jeder

Auskunft bereit, bewegte er sich unter uns mit anspruchloser Vornehmheit. Es konnte gar niemandem einfallen, ihn vertraulich zu behandeln. Nie hat jemand sich über ihn beklagt, denn er trat keinem zu nah; er kam aber auch keinem näher — und ein leises Gefühl davon beherrschte Alle, die ihn umgaben.

Er beherrschte sich vollkommen, auch damals, als die Versammlung in vielköpfiger Zerstreutheit den Schluß der Debatte annahm, während er, der Vorsitzende, noch auf der Rednerliste vorgemerkt war. Wir hatten den Sachkenner, unsern Präsidenten, zum Schweigen verurteilt! Er wurde bleich und zog sich in eine Ecke des Saals zurück; seine Hand spielte hastig mit der Uhrkette. Als einige Herren begütigend und besänftigend auf ihn einredeten, antwortete er nichts: er bestieg nach einigen Minuten seinen Sessel wieder und verkündigte ruhig und fest den Schluß der Debatte. Keiner aus der Menge ahnte, was in ihm vorgegangen war.

Das parlamentarische Auftreten war ihm zur zweiten Natur geworden. Wie seine Gestalt, so unterstützte ihn seine markige Stimme und die kräftige Betonung seiner vorsichtig erwogenen Sätze mit der entschieden norddeutschen Aussprache. Er hatte, obgleich in Bonn geboren, nicht die Spur vom Rheinländer an sich: wie unser früh verstorbener Freund Adolf Held der höchste Ausdruck des beweglich süddeutschen Wesens war, so stellte Nasse die reinste Spielart des westlichen Niederdeutschen, des Westfalen dar. In der anmutigen Landschaft des Siebengebirges stand er fremd, wie mitten im zarten Buchenwald ein Eichbaum, stark und einsam, der seine knorrigen Äste wagrecht ausstreckt.

Die Stimmung der Versammlung unsres Vereins ergriff ihn nicht, er blieb über ihr, wie der Leiter es soll. Mitunter war unser Saal etwas spärlich besucht und eine gewisse Öde lagerte sich über die dünn besetzten Stühle. Eine empfindsamere Natur, als er, wäre leicht in Mitleidenschaft gezogen worden und hätte mit ängstlicher Bescheidenheit die Versammlung eröffnet. So war es bei Nasse nicht: als wenn er Tausende vor sich gehabt hätte, rief er fest und laut zur Wahl eines Vorsitzenden auf, und die Kraft seines Wortes erfüllte uns alle mit dem Gefühl, als wenn wir uns verzehnfacht hätten.

Nur wenige Besucher solcher Versammlungen, worin fünf Stunden ohne Unterbrechung verhandelt wird, wissen, was sie ihrem Vorsitzenden zumuten. Schon die aufmerksame Verfolgung aller Reden ist keine Kleinigkeit; dann die vielen persönlichen Wünsche und Anliegen, die taktvolle Beseitigung von Zwischenfällen, die Leitung des Redewirbels in feste Bahn. Hat man sich, nach Schluß, zu Tische begeben, so soll noch gute Laune für einen Trinkspruch übrig sein, und nach Tisch, wenn die andern sich zerstreuen, kommt die stundenlange Sitzung des Ausschusses mit wichtigen Geschäften. Man reist nach Hause zurück und nun beginnt der Briefwechsel wegen der künftigen Schriften des Vereins: auf 10 Anfragen kommt eine Zusage, auf 5 Zusagen kommt ein wirkliches leibhaftiges Manuskript — und nun muß in aller Hast der Druck besorgt werden, damit kurz vor Thorschluß ein neuer Band der Schriften des Vereins für Socialpolitik franko in die Hände der Mitglieder gelange.

Dies alles so nebenher betreiben, während man Abgeordneter und Professor und Gelehrter ist, das kann nicht jeder — aber unser Vorsitzender hat es meisterhaft verstanden; und er machte gar kein Geräusch davon.

Haben wir ihm eigentlich für solche Hingebung warm genug gedankt? Viele von uns haben es gar nicht so gewußt, und jetzt erst, wo wir ihn nicht mehr haben, wo wir ihn überall vermissen, wo wir uns verwaist vorkommen, tritt uns dies so klar vor Augen, und jeder von uns wünscht heute, ihm damals noch die Hand gedrückt zu haben.

Nun ist er dahin. Seine Angehörigen, seine Berufsgenossen haben ihn längst in Bonn begraben — und wir haben ihm nicht das letzte Geleit gegeben.

Aber vergessen haben wir ihn nicht; der treue Geschäftsleiter unseres Vereins lebt in unserem Angedenken fort und damit wir hievon ein deutlich sichtbares Zeichen geben, fordere ich Sie auf: Erheben Sie sich zu Ehren Nasses von Ihren Sitzen!

## Hermann und Helferich.

### Erinnerungen aus den Jahren 1861 und 1864.

Hermanns Vorlesungen über Nationalökonomie fanden nachmittags statt. Der Hörsaal war ziemlich groß und die Zuhörerzahl mochte wohl 80 betragen: damals (1861) für München eine beträchtliche Zahl, nur etwa in Hauptkollegien der Juristen übertroffen. Wir Anfänger, im ersten Semester stehend, warteten höchst neugierig auf den Mann, über den viel geredet wurde, der aber doch in der großen Stadt noch nicht in unsern Gesichtskreis getreten war. Es hieß, er sei ein sehr strenger, fast rauher Vorgesetzter in der Berg und Salinenadministration, an deren Spitze er stand; andere Kameraden wollten wissen, er habe Mathematik gelehrt — an welcher Schule wußten wir nicht — oder gar ein mathematisches Lehrbuch geschrieben. Diese Nachricht wirkte etwas drückend auf die Stimmung; man schwieg und jeder überschlug im Geiste, ob er noch den pythagoreischen Lehrsatz beweisen könne. Da öffnete sich die Thür, und während nach damaliger guter Sitte alle Studenten sich erhoben, blieb der Professor wie angewurzelt stehen. Er hatte Tabak bemerkt und der stechende Blick seiner grauen Augen haftete auf dem Rauchwirbel, der von einer Cigarette aufstieg. Langsam, offenbar sich selbst bezwingend, schritt er dann aufs Katheder; ganz sorgfältig zog er einige Blätter aus der Brusttasche, wobei seine Hand etwas zitterte (was aber stets der Fall war), und nach einer Kunstpause, die uns schrecklich lang vorkam, sagte er ganz ruhig: „Meine Herren! Was würden Sie sagen, wenn ich hier rauchte?" Wir alle schämten uns, daß einer diese trockene Vernichtung herausgefordert hatte — und nun fing der Vortrag an von den Bedürfnissen der Menschen und von den Mitteln zu deren Befriedigung. Was ein Bedürfnis befriedigt, ist ein Gut, und die Güter werden so und so eingeteilt.

Auf dem Katheder stehend — und er stand immer — schien Hermann groß, trotzdem er nur von mittlerem Wuchse war, denn man achtete nur auf das Haupt. Sein reiches Haar trug er lang; es war stark im Ergrauen, aber verhinderte durch seine Fülle den Eindruck des Alters, wie auch seine Stimme voll und stark war und nie den Gedanken an die 66 Jahre aufkommen ließ. Das Gesicht war schmal, mager und farblos; die Nase etwas weit herabreichend; links und rechts vom Munde tiefe Falten, die den Eindruck ungeheuren Ernstes machten. Die Augen hatten den Ausdruck, als lauerten sie unter der faltigen Stirn; und nimmt man das mähnenartige Haar dazu, so wurde man an einen Löwen erinnert.

Wir fühlten einen unerhörten geistigen Abstand; wir kamen uns vor wie Knaben; wir wurden von einem schlechthin überlegenen Verstande beherrscht.

Der Vortrag war durch und durch dogmatisch. Einige Sätze wurden langsam und nachdrücklich hingestellt (wir pflegten sie aufzuschreiben) und dann ging er zu den Folgerungen über, alles klar, besonnen, nüchtern, sich von selber verstehend. Niemals wurde irgend etwas im Zweifel gelassen. Dann folgten gelegentlich einige Beispiele aus dem Leben, und hierbei mischte sich nicht selten ein sarkastischer Zug in den Vortrag. Aber nicht als hätte man jemals laut gelacht; es war eine feine Art, wie die grausamen Scherze eingestreut wurden; mancher verstand es, aber jeder meinte im stillen: diese Anspielung haben die andern nicht begriffen.

Niemals war jemand weniger empfindsam. Die harte Lehre des in der Welt herrschenden Eigennutzes, mit den Folgerungen in der Art Ricardos, hatte einen geborenen Vertreter gefunden, wie er sich denn auch für den Fortsetzer und Vollender des Ricardo'schen Systemes hielt und von uns als solcher anerkannt und gefeiert wurde. Nicht entfernt etwa hätte er geglaubt, es bestehe nichts anderes auf der Welt als der Kampf der Interessen; ein so erfahrener und so empörend gescheiter Mann konnte das gar nicht glauben; er kümmerte sich aber um jenes andere wenig, da es sein Beruf sei, uns eben diese Seite zu zeigen. Kam er bei Schilderung des Konkurrenzkampfes etwa auf das Schicksal der Hausweber zu sprechen, die von billiger Maschinenarbeit zu Grunde gerichtet werden, so war er gerecht und umsichtig genug zuzugeben, daß dies ein Elend sei.

Wie in den Ostseeprovinzen der lettische oder estnische Bauer den „Gehorch“ zu leisten hat, so war uns das Joch der Überlegenheit auf den Nacken gelegt. Und in der That, es ist für junge Hörer vielleicht die richtigste Behandlung. Gleichgültig, was der Inhalt sei: der Jüngling muß vor allem einmal Ernst sehen. Ohne Verstand keine Wissenschaft; so muß denn also der fleischgewordene Verstand einmal dem Hörer leibhaftig erscheinen.

Hermann war kein Bayer, sondern ein Mittelfranke, aber auch von diesem Stamm hatte er, abgesehen von leiser sprachlicher Färbung, nichts. Er war kein Stammesmensch, sozusagen kein Landsmann; er war nur Individualität. Seine Ausbildung ging zurück in die Zeit der dreißiger Jahre — die „Staatswirtschaftlichen Untersuchungen“ sind 1832 erschienen —, als der Zollverein noch im Werden war. Damals war es ein großes Verdienst, den Deutschen das System der englischen Nationalökonomie gerade in der Gedankenform mitzuteilen. Inzwischen war freilich List aufgetaucht — und daher wohl Hermanns handelspolitische Neigung zu gewissen Schutzzöllen; aber sonst hatte damals Deutschland noch nicht viel auf dem Gebiete ökonomischer Gedankenstürme erlebt. Es galt für selbstverständlich, daß ökonomische Bewegungen sich auf englischem Boden abspielen, und daß der Deutsche sie dort zu lernen hat.

Wir waren alle überzeugt, daß es auf der ganzen Welt nichts anderes gebe, und schätzten uns glücklich, in die Hände des einzig möglichen Lehrers gefallen zu sein.

Diesen Mann in seinem häuslichen Leben aufzusuchen,

mußte für jeden Neunzehnjährigen eine gewagte Sache sein. Aber es gab Empfehlungen und Erkundigungen, und eines Tages traf die schriftliche Erlaubnis ein. Ein schonender Empfang steht zwar immer dem Studenten in Aussicht, der mit Regelmäßigkeit und Andacht zuhört — aber das wissen die Füchse nicht.

Der ältere Herr lud seinen Besuch zum Sitzen ein, fragte über die Studien, legte scheinbar vertraulich die Hand auf seine Schulter und weiter fragend schob er mit einer Handbewegung das Haar des jungen Menschen zurück, das über das Ohr gefallen war. Es schien eine zufällige Bewegung zu sein, oder war es mehr? Denn als ganz sicher wird von den nächsten Angehörigen erzählt, daß Hermann zu behaupten pflegte, er beurteile die Leute nach ihren Ohren. Vielleicht eine der paradoxen Behauptungen, mit denen er in der Unterhaltung die Zuhörer oft verblüffte — aber sicher ist es, daß er sich die Ohren betrachtete. Zum Glück wußte man davon nichts.

Die letzte Befangenheit verschwand, als der Lehrer den überraschenden Vorschlag eines Spaziergangs machte.

„Sie rauchen doch nicht? Das Rauchen ist ganz sonderbar; da redet man immer von der Wirkung des Tabaks, es muß aber noch was anderes dabei sein; warum raucht denn niemand im Dunkeln?“ In der That, darauf war nichts zu erwidern. „Am meisten ärgert's mich, wenn die Geier rauchen.“ Die Geier? „Gewiß, so sagt man nämlich in Erlangen, wenn man von Gassenbuben spricht. — Wissen Sie, woher der Ausdruck Geier kommt? Ich habe es nun heraus; es kommt vom französischen gaillard. Denn es sind in Erlangen viele französische Einwanderer von der Zeit der Aufhebung des Edikts von Nantes; man hat ihnen viel industriellen Aufschwung zu verdanken.“ Wir kamen an ein Haus, worin das Statistische Bureau des Handelsministeriums untergebracht war, und Hermann, der Vorstand, hatte seinen Schreibern einige Aufträge zu geben. „Gehen Sie nur mit; so was müssen Sie auch einmal gesehen haben. Wissen Sie, wozu die Statistik da ist?“ Wie hätte man das wissen können, und wer hätte sich getraut, eine Antwort zu geben! „Nun, es ist sehr einfach: die Statistik ist für den Staat, was das Selbstbewußtsein für den Menschen.“ Das Geschäft mit den Schreibern war bald abgemacht und wir näherten uns dem Englischen Garten. „Was ich gar nicht leiden kann, das sind die verschwommenen Schriftsteller über Kulturgeschichte. Ich meine nicht die Kulturgeschichte, sondern die Schriftsteller darüber; die sehen das allerwichtigste nicht. Wovon hängt die Kultur in unsern nördlichen Gegenden in erster Linie ab? Nicht wahr, das fällt Ihnen nicht ein? Es ist doch so naheliegend: von den Fensterscheiben. Denken Sie sich das Fensterglas weg — was wird aus uns? Drei Vierteile des Jahres sind wir dann außer stande, zu lesen, zu schreiben, zu denken. Da reden die Leute vom Dampf, von Eisenbahnen und solchen Dingen; aber die Fensterscheibe ist eine viel wichtigere Erfindung; wir verdanken ihr das künstliche Klima unserer Häuser. Ja, ja, die Herren Schriftsteller häufen immer neuen Stoff zusammen, aber ordentlich nachdenken über das Gegebene, das ist nicht ihr Fall. Alles geht auf Extensität hinaus, niemand schätzt die Intensität. Von dem extensiven Unterricht halt' ich ebenfalls nichts. Was wird nicht alles in den Schulen gelehrt? Immer neue Fächer neben die alten Fächer. Wenn ich aber ein Feld pflügen will — glauben Sie, es sei klug, statt der einen Pflugschar vielmehr zwei oder drei neben einander anzubringen? Wo soll denn das hinaus? Es sind ja doch keine Dampfmaschinen vorgespannt — sondern Ochsen!

„Und mit unsern Zeitungen geht's auch immer zurück. Lauter breites Gewäsche: wem es sonst nie übel wird, da könnte er's lernen.

„Ich will Ihnen einen Rat geben. Versuchen Sie einmal, wenn Sie schreiben, alles auf den allerkürzesten Ausdruck zu bringen. Darauf kommt es an. Das können die wenigsten. Lassen Sie die Redensarten weg. Ich lese gar nicht weiter, wenn einer von volkswirtschaftlichen Erwägungen im allgemeinen schreibt. Er soll doch gleich sagen, was er für eine Sache meint!

„Englisch können sie doch? Die Engländer sind viel weiter als wir. Machen Sie es wie ich: ich habe die Edinburgh Review und die Quarterly Review ganz genau gelesen. Da lernt man was; dort drüben gehen große Dinge vor, und das parlamentarische Leben wirft alles in die Öffentlichkeit. Wer diese Sachen nicht kennt, der darf gar nicht mitreden.

„Und wenn Sie dann hier zu viel Geselligkeit haben, dann gehen Sie nach einiger Zeit weg."

So war seine Rede: immer derb und schroff, schlagfertig und unerbittlich. In seiner Nähe hatte jeder das Gefühl, als wäre man sonst in der Regel gescheiter. Daher die Furcht, die er um sich verbreitete.

Aber das schließt nicht aus, daß er sich eifriger Leute annahm und ihnen guten Rat erteilte; und nie war jemand in diesem Maß frei von aller Phrase. —

Er pflegte damals, und wohl überhaupt, nicht über die besonderen Zweige der Volkswirtschaft vorzutragen; insbesondere kam der agrarische Teil etwas zu kurz.

Hingegen verlautete, daß Georg Hanssen in Berlin der größte Kenner der agrarischen Nationalökonomie sei. Ein Aufenthalt von zwei Semestern bei ihm bewies allerdings die Richtigkeit dieses Gerüchts; zugleich aber war mit dem Ende des fünften Semesters jener Augenblick gekommen, der keinem Studenten erspart bleibt: man redet älteren Freunden gegenüber vertraulich vom nötigen Abschluß der Studien (das Wort Examen pflegt man dabei in frommer Scheu zu vermeiden), und man sieht sich nach einem Lehrer um, der diesem Anliegen ein wohlwollendes Verständnis entgegenbringt. Hanssen selbst hatte zu solchen Dingen nicht viel Lust. Aber in der königlichen Bibliothek stand die Tübinger Zeitschrift, und in derselben stand eine Abhandlung von Helferich, dem Göttinger Professor, über das württembergische Agrarwesen, die sich also auf ein bestimmtes deutsches Land und auf eine bestimmte Zeit bezog, ohne sich im Allgemeinen zu bewegen. Sollte dieser Lehrer vielleicht ein zugänglicher Mann sein? Nur durch persönliches Aufsuchen konnte das festgestellt werden. Also schleunige Abreise von Berlin und Ankunft in Göttingen am Anfang des Monats März 1864.

Göttingen war damals als Stadt sehr unscheinbar, aber auf dem Wege durch die Stadt sah man doch eine Buchhandlung und im Schaufenster derselben stand ein neuer Band von H. v. Thünen, dessen älteres Werk über den „isolierten Staat“ jedermann kannte. Das Buch mußte man also haben.

Helferich war zum Glück noch zu Hause, aber um ihn her stand Reisegepäck. Ein anderer hätte wohl abgelehnt, Besuch zu empfangen; er aber sagte ganz einfach: „Fahren Sie mit; man kann auch in der Eisenbahn verhandeln.“ Das Gespräch verlief günstig, und so ergab es sich, daß ich etwas über ein Jahr in Göttingen, wesentlich seinethalben, blieb — und in der That, man konnte damals nirgends besser anfgehoben sein, zumal wenn man der einzige war, der auf seine Leitung Anspruch machte.

Allerdings sind die Eindrücke, die der herangereifte Student empfängt, wesentlich anderer Art als die des Anfängers. Nicht mehr der Lernstoff als solcher wirkt; man ist aufmerksamer auf die persönlichen Eigenschaften des Lehrers. In unserem Fall war es um so merkbarer, als Helferich selber ein Schüler von Hermann war und dessen Lehrgebäude beibehalten hatte; nur war der starke Einfluß von John Stuart Mill hinzugetreten, wie es nicht anders sein konnte bei einem Gelehrten, der in den vierziger und fünfziger Jahren seine Ausprägung erhalten hatte (er war 1817 geboren).

Helferich hatte das süddeutsche Wesen in der mainfränkischen Form, doch nicht sehr stark, sowohl im Umgang und der Rede, wie auch besonders in gewissen politischen Grundstimmungen. Hierin, und hierin allein, war er sogar leidenschaftlich: mit der angeborenen Abneigung des Frankfurters stand er dem preußischen Staat gegenüber und hielt fest am welfischen Königreich. Wir jüngeren Leute waren wohl auch ähnlich erzogen und von der „Berliner Volkszeitung“ mit Konfliktsgesinnungen genährt;

aber das viele Reden war uns doch bereits verleidet; man hatte das Wirken der preußischen Wehrverfassung beobachtet, denn es war ja Krieg mit Dänemark; und wir fingen an, zuzusehen und abzuwarten — was Helferich mit jener Überraschung empfand, die der Lehrer durchmacht, wenn er bei den Schülern auf ganz neue Strömungen stößt. Nicht als hätte man ihm widersprochen; man war nur viel ruhiger als er, und das Verhältnis kehrte sich unnatürlich um, indem der jüngere prüfend, der ältere stürmisch war. Aber diese politische Seite war ganz nebensächlich, sie gab nur dem Gespräche hie und da eine besondere Färbung.

Auch in Göttingen, wie in München, war das Kolleg über Nationalökonomie eines der beliebtesten. In der Hörerschaft befand sich eine beträchtliche Anzahl von Landwirten, und so war denn Helferichs glatter Vortrag sehr populär. Während Hermann ein Gelehrter war, der sein erarbeitetes System den Hörern schlicht und wuchtig vortrug, und den man begriff, weil das System aus dem Verstande entsprang — hatte Helferich vielmehr seine starke Seite im Docieren, dies Wort im engeren Sinne genommen. Er fühlte die geistige Unbeholfenheit der Schüler heraus, kam ihnen auf halbem Weg entgegen und drehte und wendete die Sätze so lange, bis auch der letzte unter den Landwirten freudig empfand, daß er etwas schweres spielend begreife. Mit dankbarer Hingebung hingen sie an den Lippen des Lehrers; sie fühlten sich an Wissen gefördert, an Selbstgefühl gehoben. Hermann hatte imponiert und überwältigt; Helferich leitete liebevoll an, war stets geschmackvoll und bewegte sich in den Grenzen der Anmut. Schon wie er auf dem Katheder stand, war bezeichnend: die Arme aufgelegt, die Hände gefaltet und der freundliche Ausdruck des Mundes schien zu sagen: Mein Joch ist sanft und meine Last ist leicht.

Und so war auch seine Unterhaltung. Er war immer zu sprechen, teilte sich offen mit, wie in der Politik so auch in Bezug auf seine religiöse Neigung; und er hörte geduldig an, was der Schüler etwa auf dem Herzen hatte. An der Wand hing ein Bild von H. v. Thünen, das er gern zeigte; es muß wohl eine Handzeichnung gewesen sein, etwa nach einer Photographie, aber in Lebensgröße.

„Wenn Sie Hermann bereits kennen, so werden Sie wenig bei mir lernen; bitte, bitte — erwidern Sie nichts; ich weiß schon, was Sie sagen wollen; aber Sie können mir glauben." Er wußte offenbar nicht, welcher Schatz allein seine Zugänglichkeit war, auch wenn man alles gewußt hätte. Aber davon konnte ja gar nicht die Rede sein. So z. B. kannte damals fast noch niemand die späteren Schriften Thünens, die ja eben erst (1863) herausgegeben waren; und Helferich, von diesem merkwürdigen Manne ganz erfüllt, verwendete seine ganze docentische Geschicklichkeit daran, uns diesen Meister zugänglich zu machen. Und wir, nach seinem Vorgange, versenkten uns in diese Schriften. War es doch eine seltsame, neue Welt. Schon dies allein ging sachlich über die früheren Lehrer hinaus.

Eine seiner Lieblingswendungen war diese:

„Nur eines muß ich mir ausbitten, fragen Sie mich nie, worüber Sie arbeiten sollen. Folgen Sie Hermanns Rat wegen der englischen Zeitschriften; das habe ich auch gethan; aber den Gegenstand Ihrer Dissertation, den Stoff zu Ihrer ersten Abhandlung, den müssen Sie selber finden; sonst sind Sie zu eigenen Arbeiten noch nicht reif." Ganz richtig; das pädagogische Vertrauen wurde gerade hierdurch aufs höchste bestärkt. Und so erteilte Helferich mehr die kleinen Hülfen, die er als belesener Mann und als Besitzer von Bücherschätzen fortwährend zu leisten imstande war. Im übrigen wurde der lohengrinische Vertrag redlich gehalten und niemals um eine Arbeit gebeten.

Helferichs Natur war geschmeidig, wie es das Docieren mit sich bringt, jedem Kampf ausweichend, versöhnlich, völlig abgeneigt, größere Verantwortungen zu übernehmen. Daß ein Schüler sich ihm so darbot, erfüllte ihn zunächst mit Besorgnis wegen der Zukunft. Überhaupt war Vorsicht das, was neben Feinheit der

Form am meisten hervortrat. Er konnte einen so klug ansehen und dabei mit dem aufgehobenen Finger drohen.

Aber die innere Hingabe an H. v. Thünen kam nicht etwa daher, daß dieser mecklenburgische Gutsbesitzer vor allem Stoff für die landwirtschaftliche Nationalökonomie lieferte und also in den Vorlesungen reichlich docentisch zu verwerten war. Das lag vielmehr tiefer. Helferich, auch auf religiösem Gebiet sich zur positiven Richtung neigend, bedurfte einer inneren Anlehnug an eine wissenschaftliche Kraftnatur. Daher in jüngeren Jahren der Anschluß an Hermann, im reiferen Alter an Thünen. Und noch etwas mystisches kam vielleicht hinzu: das Halbverschleierte, zum Teil Rätselhafte in Thünens nachgelassenen Schriften zog ihn an. Hier waren Geheimnisse verborgen; vielleicht jenes Höhere, die noch unerstiegene letzte Stufe, die man nur weihevoll betritt. War doch das Werk, eben erst erschienen, noch unerschlossen, noch nicht völlig durchforscht.

Indem diese Stimmung sich ausbreitete — und dazu that ja der Lehrer alles — mußte jeder junge Mann, der damals in Göttingen nach einem Stoff suchte, mit Notwendigkeit auf Thünen verfallen.

Und wer kann es leugnen, diese Werke üben einen mächtigen Zauber aus: der Leser fühlt sich durch die Einwirkung des Genius geadelt. Man staunt vor der Forschernatur, vor dem unbändigen Trieb nach Erkenntnis. Niemandes Schüler, ohne Gelehrsamkeit, weit entfernt von aller Anregung und allen Hülfsmitteln, geht Thünen mit hünenhafter Tapferkeit seinen einsamen Weg und in zwanzigjähriger Ausdauer sinnt er über selbstgestellte Probleme nach. Giebt es, so fragt er, einen natürlichen Arbeitslohn, eine Lohnhöhe, die aus der Natur der Wirtschaft folgt und bei der man sich also beruhigen muß? Ja, das giebt es, sagt Thünen, und er stellt in mühsamer Rechnung dafür eine Formel auf.

Ganz richtig war's, daß Helferichs Lehrernatur auf diesen Wildling in der Wissenschaft hinwies. Wenn solche Kräfte, statt der dünnstimmigen Kompilatoren, obenauf kämen, dann müßte ja in Deutschland eine eigenartige Wissenschaft der National-ökonomie entstehen; es müßte eine Freude sein, der neuen Zeit den Boden zu bereiten.

So etwa dachte der Lehrer; und der Schüler dachte: „Sehen wir näher zu". Da zeigte sich denn aber noch manches andere. Thünen war nämlich als Autodidakt doch in vielen Stücken stark im Nachteil. Schon die seltsame Fragestellung; dann die wunderlichen Voraussetzungen und Annahmen, um zu einer Rechenaufgabe zu gelangen, und die rührende Kindlichkeit, das Ergebnis der Rechnung für mehr zu halten, als für Folgerungen aus seinem Spiel. Ganz zu schweigen von mancherlei inneren Widersprüchen.

Kurzum, Thünen hat ein begeistertes Temperament und einen sozusagen wissenschaftlichen Charakter. Beides wirkt hin-reißend auf den Leser. Aber das Ganze bleibt doch ein auto-didaktisches Selbstgespräch, ein tastender Versuch des einsamen Mannes von Geist. Der ganze „natürliche Arbeitslohn" ist und bleibt eine völlig verfehlte Idee, oder, mild ausgedrückt, eine Verirrung.

Dies schrieb ich auf, aber mit der Zurückhaltung, wie sie meiner Verehrung des Schriftstellers entsprach und überreichte hoffnungsvoll die kleine Schrift meinem Lehrer; hier sei der selbst gefundene Stoff: „Über Thünens natürlichen Arbeits-lohn."

Ein langes Schweigen war die Antwort. Nichts unange-nehmeres hätte ihm begegnen können. Wochenlang behielt er das Manuskript. Zu einer Verständigung fehlte jeder Boden. Es gab nur einen pädagogischen Ausweg, und der wurde be-treten. Helferich schrieb als sein Urteil nieder: der Verfasser habe sich redlich Mühe gegeben; man könne ihn, trotz der frag-würdigen Ergebnisse, zum Examen zulassen. Und so geschah's; ein Ausgang der Sache, für den der Betroffene, in Erwägung aller Umstände, ein volles Verständnis hatte.

Denn dies fühlte auch der Student heraus, daß Helferichs Wesen, wie in der Hinneigung zur protestantischen Orthodoxie und in der Anlehnung an das politisch Konservative, so auch in der Wissenschaft durchaus auf die Anerkennung des Gegebenen, auf das Festhalten überlieferter Lehren gegründet war. Mit dem Staate, dem er sich angeschlossen hatte, war er bereit, zu stehen und zu fallen; ebenso treu schloß er sich an die einmal ergriffenen wissenschaftlichen Ueberzeugungen an.

Sein Lehrideal war: den Schüler gewähren zu lassen und nur leise das zu fördern, was sich von selber regte. Vielleicht hat er uns dabei für etwas zu reif gehalten; wir wären dankbar gewesen, wenn er uns zunächst mehr ins Material hineingeführt und dessen Bewältigung gelehrt hätte. Da dies aber in Göttingen damals nicht geschah, so wirkte die Anzeige Engels, daß er in Berlin ein statistisches Seminar eröffnet habe, höchst machtvoll ein und im herzlichsten Einvernehmen mit dem liebenswürdigsten aller Lehrer wurde der Umzug dahin vollzogen.

# Ernst Engel.

Erinnerungen aus den Jahren 1865/66.

Im Sommer 1863 fand in Berlin ein internationaler statistischer Kongreß statt, dessen öffentliche Sitzungen im damaligen Herrenhause gehalten wurden. Als Zuschauer konnte man da den Präsidenten der Versammlung, Dr. Ernst Engel, in seiner Thätigkeit beobachten. Mit seinen beweglichen Gliedern saß er zwanglos im ehrenvollen Sessel, unruhig liebenswürdig bald auf deutsch, bald auf französisch die Geschäfte leitend, während die Versammelten in feierlicher Würde mehr die Wichtigkeit der von ihnen vertretenen Staaten, als Sachen, empfanden. Wie wäre es sonst zu erklären, daß jedem Redner mit reichlichem Klatschen gelohnt wurde?

In der Diplomatenloge stand ein preußischer General, vollkommen ernst, fest und hart. Es war der Herr v. Roon. Seine Hand ruhte auf dem roten Sammt der Brüstung, die Finger spielten ungeduldig, beinahe zuckend. Er war wohl nur aus ministerieller Höflichkeit erschienen; denn er war ein Mann — und das da unten war ein Schauspiel.

Aber Engel, der Leiter des Spiels, wußte wohl, wodurch die Welt beherrscht wird (durch Weisheit, durch den Schein und durch die Gewalt). Wie Roon der Gewalt diente, so stand damals Engel im Dienste des nützlichen Scheins; was ihm weiter nicht schwer fiel — denn er war durch und durch betriebsam, und wo immer sich etwas regte, da half er die Dinge im Fluß erhalten.

Er war damals, für eine solche Stellung, auffallend jung, erst 42 Jahre alt und bereits seit zwei Jahren Direktor des k. pr. statistischen Bureaus, das in der Lindenstraße, nicht weit vom Kammergericht, in einem altmodischen, niedrigen Hause sein Dasein führte. Vorher war es eine Behörde gewesen, die für das Ministerium allerlei Material zur Landeskunde gesammelt hatte; die höchst reichhaltige Bibliothek war das Beste daran; eigene schaffende Thätigkeit fehlte fast ganz. Denn das Bureau empfing seinen Stoff von den Verwaltungsbehörden bereits verarbeitet; mit dem Urmaterial hatte es nichts zu thun, ja es hatte nur wenig mitzureden über das Wie und Was der statistischen Aufnahmen. Nicht einmal die Volkszählungen hatte es bis dahin selbständig geleitet. Die Überlieferung war: bureaukratischer Ernst, geringe Wirksamkeit, gar kein Einfluß. Das sollte nun alles anders werden.

Engel hatte wohl kaum regelrecht studiert, jedenfalls war der junge Geheime Oberregierungsrat kein Jurist. Er war auf technischen Schulen gewesen, behielt von daher stets die hohe Achtung vor allen Leistungen der Ingenieure, in denen ihm das menschliche Können am meisten verkörpert schien, bis später die Kunst des Feldherrn von ihm noch höher gewürdigt wurde. Als junger Techniker wollte er eben den Betrieb einer Glashütte beginnen, als die Revolution von 1848 ihren Schrecken verbreitete und seinen Auftraggebern den Mut raubte. So wandte sich Engel damals zur Publizistik und von da kam er in das k. sächsische statistische Bureau zu Dresden, dessen Zeitschrift durch ihre Lebendigkeit ihn rasch bekannt machte. Dadurch wurde die Aufmerksamkeit Preußens auf ihn gerichtet und man hatte ihn 1861 nach Berlin berufen.

In der Lindenstraße ging es nun lebhafter her. Engel schaffte auch hier Luft und Licht und warf dabei die heiligsten Gebräuche um. Denn er hatte merkwürdige Einfälle; z. B. den, daß die Veröffentlichungen des Bureaus von einer Verlagsbuchhandlung verwaltet werden müßten — und diese Buchhandlung sollte eine besondere Abteilung des Bureaus sein.

Unerhört! Man denke sich den Lärm! Aber Engel hat es fertig gebracht, die Buchhandlung wurde errichtet.

Mit der Volkszählung wurde es auch bald anders. Der Direktor setzte die Selbsteintragung in die Listen durch (Zählblätter gab es damals noch nicht). Wer als Gehülfe dabei ein halbes Jahr mitgeschoben hat, der weiß, wie reibungsvoll solche scheinbar einfache Reformen sind. Daher erklären sich auch die unaufhörlichen Kämpfe mit dem vorgesetzten Ministerium des Innern. Gewiß war Eulenburg allein derjenige, der gegen alle Decernenten Halt gewährte, weil ihm, dem Minister, die stürmische Art und das Naturwüchsige gefiel, was den Räten durchaus lästig war. Indessen soll hier das einzelne der amtlichen Thätigkeit nicht geschildert werden.

Die damaligen statistischen Bureaus hatten alle ihre Kraft in der Masse ihrer Tabellen und begnügten sich mit höchst geringem begleitendem Text. Hier ist nun der Punkt, wo Engels Thätigkeit einsetzt. Die Statistik, dachte er, dient bis jetzt nur der Verwaltung; sie gehört aber in die Öffentlichkeit. Wir wollen diesen seinen Grundsatz quellenmäßig belegen: in Nr. 1 der Zeitschrift des sächsischen Bureaus, datiert vom 1. Februar 1855, Seite 1, lautet der allererste Satz: „Das befruchtende Element der Statistik ist die Öffentlichkeit." Selten hat jemand mit dem ersten Wort so sehr die Aufgabe seines Lebens verraten.

Und so wurde nun auch die preußische Statistik mitteilsam, genießbar, oft sogar wortreich, was auch das Ministerium dazu sagen mochte. Dort oben war man z. B. für Beibehaltung der Todesstrafe; Engel aber veröffentlichte statistische Betrachtungen über deren Nutzlosigkeit. Ihm kam es nur auf den Leserkreis an, und um einen solchen zu schaffen, war er unermüdlich thätig. In seine Zeitschrift schrieb er am liebsten selbst und mit Behagen rechnete er die Zahl der Bogen zusammen, die er selber verfaßt hatte. Schrieb er doch ungemein rasch, es floß ihm alles aus der Feder, und noch dazu in einer Handschrift ebenso flüchtig wie lesbar, von größter Leichtigkeit und Anmut; wie denn auch der bloße Anblick eines Briefes von ihm für das Auge so erquicklich war, wie der leicht geschwungene Inhalt für die Seele des Empfängers. Liebenswürdiger hat nie jemand Briefe geschrieben; er erschwerte dadurch förmlich die Erwiderung.

Um nun die Statistik ganz aus ihrem Halbschlaf zu erwecken, brauchte Engel Hülfskräfte und wandte sich deshalb an die Jugend. Der nur juristisch gebildete Beamte war ihm ohnehin unsympathisch; nun sollten jüngere Glieder dieses Standes herbeigezogen und für die neue Sache gewonnen werden. So wurde in den Räumen des Bureaus das statistische Seminar begründet.

„Der erste Kurs wurde am 5. November 1862 mit acht Teilnehmern eröffnet," heißt es in der Zeitschrift (Jahrgang 1864, S. 197) und dieser berichtende Artikel machte eigentlich erst auf die neue Anstalt aufmerksam. Alljährlich, im November beginnend, wurden nun die Kurse wiederholt.

Heute hat fast jeder Professor ein Seminar. Damals aber war es auf dem Gebiete der Staats- und Socialwissenschaften etwas ganz neues und der Versuch war von höchster Bedeutung. Zu Grunde lag ein dunkler Drang und Trieb nach Fortschritt, fürs Neue und Kühne; und begonnen wurde ohne ängstliches Bedenken, tastend, aber vertrauensvoll. Gelang etwas nicht, so fing er etwas neues an. In der ruhelosen erfinderischen Kraft, in dem stets ungebrochenen Mut lag Engels größte Stärke, und hierdurch vor allem schaffte er sich übermächtiges Ansehen bei seinen Beamten, die seufzend zu sagen pflegten: „Ja, ja, Engel hat etwas geniales."

Das Seminar war zunächst ein roher Versuch. Es wurden Assessoren zur statistischen Ausbildung nach Berlin gesendet, wenn sie sich dazu gemeldet hatten; und daran schlossen sich einige Wilde an, zum Teil künftige Professoren; im Kurse von 1865/66 Schönberg und Knapp, im späteren Kurs A. Held, der früh Verstorbene, und noch später L. Brentano.

Unter den Assessoren waren manche reich oder vornehm, oder beides; lernbegierig waren sie nicht, aber sie benutzten die Gelegenheit, ein Jahr in Berlin zuzubringen. Ganz regelmäßig erschienen sie nur in den Vorträgen des Chefs; im übrigen vermehrten sie bei Tag und Nacht ihre großstädtische Lebenserfahrung. Dabei waren sie gute Kameraden und vertrugen sich mit den Wilden, die meist Doktoren waren, ganz leidlich, weil deren Ausdauer, Interesse für Sachen und mannigfaltigere Bildung doch vieles ersetzte, was an Lebensalter und an jenen Erfahrungen etwa abging. Der stets übernächtige Assessor betrachtete den standhaft arbeitenden jüngeren Doktor als ein unheimliches, aber achtbares Geschöpf.

Von den Vorträgen waren natürlich die von Dove über physikalische Geographie die wissenschaftlich bedeutendsten, aber sie gehörten nur zum Schmuck. Die andern waren von sehr verschiedenem Wert. Nicht leicht ist es, von Engels Vorträgen Rechenschaft zu geben. Mit Vorliebe begann er bei den allgemeinsten Fragen, z. B. Definitionen der Statistik; trug springend alle bisher geäußerten Meinungen vor und entwarf dann ein Schema der Einteilung, wie dies ja auch in fast allen seinen Abhandlungen wiederkehrt. Das Ganze war lebhaft und sprudelnd. Man hörte gerne zu, wie immer von neuen Seiten die Schwierigkeit der Statistik an allerlei Erlebnissen erläutert wurde. „Kommt da eines Tages jemand zu mir und fragt, wie viele Schwefelhölzer jährlich verbraucht würden. Nun, wie viele verbrauchen Sie denn? frage ich; darauf sagt er: nu, das weiß ich nicht. Da sagte ich: nu, wenn Sie Ihre Schwefelhölzer nicht wissen, woher soll ich denn alle wissen?" So ging es immer fort, eine hoch persönliche Leistung, gar nicht kathedermäßig, wie er auch nach Schluß immer noch einige Minuten im Zimmer blieb, um sich auszusprechen. „Warum haben Sie denn vorhin über die Schwefelhölzer nicht gelacht? Gewiß habe ich die Geschichte schon einmal erzählt; aber Sie wissen doch: der Mensch hat nicht lauter neue Seiten, der Mensch ist nämlich wie eine Litfaßsäule." Und in dem Gelächter, das nun entstand, zog er sich in sein Zimmer zurück.

Die Hauptsache beim Seminar war der Verkehr mit dem

geistig so beweglichen Chef, der mit gutmütigem Interesse unserem Eifer Nahrung gab und uns liebevoll beobachtete. Die wöchentlich einmal stattfindende Kneipe wurde mitunter von hervorragenden Gästen besucht. Auch das Haus Engels stand uns offen, es war durch und durch anspruchslos und gemütlich. Die Kinder waren damals noch unerwachsen. Jedermann fühlte heraus, daß es eine ungewöhnlich glückliche Ehe war, was uns mit erhöhter Achtung erfüllte; und wir freuten uns, wenn wir hie und da die Frau oder die Kinder in dem Garten begrüßen konnten, der seitdem längst durch Neubauten verschlungen ist.

Von allen Mitgliedern des Seminars war wohl A. Held derjenige, den Engel am meisten geliebt hat, und doch war Held gar keine statistische Natur, machte sogar nie den leisesten Versuch nach dieser Richtung. Es bestand eine rein persönliche Zuneigung, verstärkt durch den gemeinsamen Zug zwanglosen Wohlwollens gegen alle, vielleicht auch durch beiderseitige Schätzung encyklopädischer Studien.

Aber auch anders geartete Naturen, die auf kleinere Arbeitsgebiete viel Kraft verwendeten, haben Engels liebenswürdige Unterstützung hoch zu rühmen gewußt; man vergleiche das Vorwort zu L. Brentanos „Arbeitergilden der Gegenwart“.

Denn das Seminar war für die jungen Gelehrten ein Ort der Anregung, eine Arbeitsgelegenheit, ein geselliger Mittelpunkt Gleichstrebender; es war aber auch ein neues Feldgeschrei für den Unterricht und ein neues Banner für die Forschung.

Es war eine pädagogische That, junge Gelehrte aus ihrer Vereinzelung herauszureißen, ihnen Gelegenheit gegenseitigen Kennenlernens und Selbstbeurteilens zu verschaffen und sie in lebendigen Verkehr mit Lehrern zu versetzen. Auch selber lehren durften sie hie und da, natürlich nur auf Grund von Verabredung und Vorbereitung, etwa als Ersatz bei Verhinderung der Lehrer. So begreift sich's, daß auch unstatistische Naturen gern und mit Vorteil dort gewesen sind.

Aber auch im Aufwerfen des statistischen Banners lag eine sehr bedeutsame Leistung, die, weil sie ihren Dienst gethan hat, heute nicht mehr so lebhaft empfunden wird. Aller Universitätsunterricht in diesen Fächern beruhte damals auf einer Begriffsdogmatik, wie sie dem sogenannten gesunden Menschenverstand der Engländer des achtzehnten Jahrhunderts angemessen war. Dies dürre Lehrgebäude war veraltet, alles sehnte sich nach neuem Inhalt. Davon bot sich zweierlei dar: Geschichte und Statistik. Die Bewegung für Wirtschaftsgeschichte (obgleich Roschers Werke schon bestanden) brach erst später los; während es Engels Verdienst ist, die Statistik damals in die Höhe gehoben, in den Gesichtskreis und in die Erreichbarkeit der Nationalökonomen gebracht zu haben. Seitdem arbeitet der Deutsche mit Material; und seitdem lehrt der Deutsche, indem er zugleich durch Umgang erzieht. Und hiedurch hat Engel, der nicht Professor war, nachhaltig auf die Universitäten eingewirkt. Er gehört in die Reihe der Unzünftigen, die in unsern Fächern so unaussprechlich viel bedeuten; List hatte wohl den Titel, aber er war kein Professor; Lassalle, Fr. Engels, Marx waren freiwirkende Gelehrte oder doch Schriftsteller, und in diese Reihe gehört auch Ernst Engel, dem etwas amerikanisch selbstgewachsenes anhaftete, obgleich er nicht im Auslande erzogen war.

Als der Kurs von 1865/66 in sein zweites Semester trat, gab es nur noch wenige, die in der allgemeinen politischen Aufregung und im ewigen Streite der Parteien weiter zu arbeiten vermochten. Die feudaleren Assessoren hatten schon im Februar von beschlossenem Kriege gemunkelt. Im Frühjahr kam ein halbes Dutzend Offiziere in die Bibliothek, still und eifrig böhmische Materialien sammelnd; zum Ärger des Chefs wollten sie einige Quellenwerke sogar auswärts benutzen. Die große Juni-Entscheidung ergriff dann jeden wie ein Wirbelwind und schleuderte ihn in seine Militärverhältnisse zurück. Das große Wort der Mobilmachung fiel. Je nach der Vermögenslage verschaffte der eine sich wollene Unterkleider, der andere ließ sich aus Ostpreußen ein paar kräftigere Reitpferde kommen. Durch die Lindenstraße kam ein endloser Zug blaukitteliger Rheinländer, mit verdrossenen Mienen. Eine seltsam bunte Reiterschar, die

Stabswache, ließ sich sehen; und eines Morgens erscholl der ungeheure Jubel der Schuljugend, die man frühzeitiger entlassen hatte wegen der siegreichen Gefechte von Nachod und Skalitz. Zum ersten Mal schmückten sich die Häuser mit Fahnen und jedermann dachte nur noch an Krieg und Sieg.

In dieser allgemeinen Verwirrung fand der Kurs sein Ende, aber das freundliche Verhältnis zu Engel dauerte fort und das Andenken an ihn wird lebendig bleiben.

Er pflegte zu sagen: „Der Wert eines Buches besteht in dem, was es anregt.“ Man könnte diesen Spruch auf sein ganzes Leben anwenden: seine Bedeutung lag in dem, was er anregte. Das versichern einstimmig alle, die ihm nahe getreten sind und am meisten fühlen es diejenigen, die noch in bildsamer Jugend standen, als er auf der Höhe seiner Kraft war.

# Georg Hanssen.

Erinnerungen aus den Jahren 1863 bis 1893.

Als vor einigen Jahren der Göttinger Nationalökonom Soetbeer starb, wußte jedermann in Deutschland, wer das war, denn eine wahrhaft erstaunliche Thätigkeit für die Neuordnung des deutschen Geldwesens hatte seinen Namen jedem Zeitungsleser geläufig gemacht.

Nun ist in Göttingen ein anderer Nationalökonom, Georg Hanssen, gestorben (1894), ebenfalls wie Soetbeer ein Hamburger von Geburt. Aber kennt jedermann Hanssen? In weiteren Kreisen fast niemand. In engeren Kreisen wird er desto höher verehrt, ja gefeiert. Alle Pfleger der agrarischen Nationalökonomie kennen seinen Namen und nennen ihn stets mit Ehrfurcht, heute so sehr wie ehemals.

Das hohe Alter von 85 Jahren, das er erreicht hat, könnte zur Vermutung führen, daß Hanssen seinen Ruhm überlebt habe. Das ist aber ganz und gar nicht der Fall, im Gegenteil, die Anerkennung ist stets im Steigen gewesen und wird nie zurückgehen; nur war sie von jeher auf die Kreise der Wissenschaft beschränkt.

Seit 1862, also etwa seit seinem 53. Lebensjahr, war Hanssen Mitglied der Berliner Akademie; und in Göttingen hat man seine Marmorbüste, gleichzeitig mit dem Bildnis des großen Physikers Wilhelm Weber, in der Bibliothek aufgestellt, als er noch lebte — eine Büste, die, beiläufig gesagt, von geistreichster Ähnlichkeit ist.

Es kann also nicht die Rede davon sein, daß er unerkannt geblieben wäre, nur in die Zeitungen kam er nicht, und das kam von allerlei persönlichen Eigenschaften her.

Es fehlte ihm vor allem jede Art der Betriebsamkeit. Mit völliger Gemütsruhe ließ er sich gehen; seines eigenen Wertes gewiß, ging er seinen Lieblingsgedanken nach; was er da an Beute erhaschen konnte, nahm er mit, und was auf der Seite lag, das ließ er liegen. Schüler hat er nie ausgebildet, und daß er trotzdem Anhänger hat, das ist nur dem Inhalt seiner Werke, nicht aber seiner Lehrkraft zu verdanken. Man mußte ihm sogar zureden, bis er sich entschloß, seine sehr zerstreuten agrarhistorischen Abhandlungen zu sammeln, die jetzt in zwei Bänden (1880 und 1884) vorliegen.

Nur einmal hat er eine äußere Gelegenheit ergriffen, um eine größere Arbeit abzuschließen. Die St. Petersburger Akademie hatte im Hinblick auf die Reformen Alexanders II. eine Preisaufgabe gestellt, und Hanssen reichte seine Schrift über die Aufhebung der Leibeigenschaft in Schleswig und Holstein ein. Natürlich wurde sie gekrönt und 1861 von der Akademie herausgegeben. Es handelt sich dabei in der Hauptsache um die östliche Ecke von Holstein, fast nur um etwa 40 Rittergüter, während Sugenheim — der mit Recht ebenfalls einen Preis erhielt — alles aus Bibliotheken zusammensuchte, was unter dem Stichwort „Leibeigenschaft" aus allen Staaten Europas aufzutreiben war. Aber aus welchem Werke lernt man mehr? Zweifellos aus dem Hanssens, der eine erschöpfende Darstellung der Sache und nur dieser Sache gab.

Während seiner Berliner Zeit (1860 bis 1869) waren seine Vorlesungen nicht gerade sehr besucht, auch eigentlich nicht beliebt. Er trug nach einem sorgfältig ausgearbeiteten Hefte vor, brachte sehr viele Thatsachen zu Gehör, war überaus vorsichtig im Urteil, beinahe zweifelsüchtig, und deutete stets auf die tausend Schwierigkeiten der Praxis hin. Nie war er parteiisch und nie beredt. Es kam alles gewissenhaft, aber kühl heraus. Man vermißte bei ihm etwas Freudigkeit und Wärme. Dazu sprach er das Deutsche aus wie ein Schleswiger aus dem höchsten Norden — denn daher stammten seine Eltern —; und der Mitteldeutsche glaubte in ihm einen Dänen vor sich zu haben. Der erste Eindruck aus seinem Hörsal — es war an einem frostigen Vormittag Ende April 1863 — ist mir noch lebhaft in Erinnerung: das Bild des stimmungslosen Professors. Der Gegenstand war theoretische Nationalökonomie, aber alle allgemeinen Gedanken waren überwuchert durch zahllose Beispiele, und jeder an dogmatischen Vortrag gewöhnte Hörer fühlte sofort, daß hier kein Dogmatiker sprach. Das wäre ja an sich kein Unglück gewesen — aber warum mußte gerade er Dogmatik vortragen wollen? In München — so kam es mir vor — war doch dies Fach ganz anders vertreten gewesen.

Seine Sprechstunden zu Hause — er wohnte in der Grabenstraße — hatte er auf 8 Uhr morgens angesetzt. Harmlos ging man hin: aber das Erstaunen der Dienstboten verriet, daß ein solcher Besuch fast unerhört sei. Es dauerte eine halbe Stunde, bis er kam, sichtlich gestört und wenig geneigt, auf die persönlichen Verhältnisse des ratbedürftigen Zuhörers einzugehen. Die gelbliche Gesichtsfarbe und die dunkelbraunen Augen erweckten die Vorstellung eines Leberleidenden. Sein Rat war: „Lesen Sie Rau!", das damals verbreitetste, allgemein bekannte, jedem Studenten selbstverständliche Handbuch. Mit dem Zweifel, ob es weise gewesen sei, nach Berlin zu gehen, stieg man die drei Treppen wieder hinunter.

Und dieser Mann war, freilich an andern Orten, ein vorzüglicher Gesellschafter. Von seinen guten Geschichten, die er stets vorrätig hatte, mag sich der geistvolle Ihering manche aufgeschrieben haben, wie das so seine Gewohnheit war. Und auch Wilhelm Weber ging mit niemandem lieber als mit seinem alten Freunde Hanssen, als sie wieder in Göttingen vereint waren, nachmittags auf die benachbarten Höhen spazieren. Wenn er nicht erzählte, pflegte Hanssen endlos auszufragen, nie nach persönlichen Verhältnissen, denn er hatte die Zurückhaltung des Niederdeutschen an sich, sondern immer nach Sachen, die der

Begleiter oder Besucher etwa aus seiner Erfahrung kennen mochte: Arbeitslöhne, Getreidepreise und dergleichen merkte er sich gern.

Im Winter 1863/64 wurde ein neuer Versuch gemacht, ihn zu hören. Er las Finanzwissenschaft, und diesmal ging es besser. Wir waren etwa zwanzig Mann und haben tapfer ausgehalten. Man fühlte durch, daß er in seinem Fahrwasser war: die festen, sicheren Kenntnisse des ehemaligen Kopenhagener Kammerrats wirkten mit. Noch besser gefiel uns die andere Vorlesung, genannt praktische Nationalökonomie: trotz des unfreien und etwas steifen Vortrags hatten wir den Eindruck des Mannes, der seine Sache vorzüglich verstand und der uns Anfängern furchtbar überlegen war. Einmal, so um Weihnachten herum, wurde er sogar lebhaft; er schilderte den Zustand der holsteinischen Gutsunterthanen im 18. Jahrhundert; offenbar hatten sich seine monographischen Erinnerungen von 1861 zwischen die Blätter seines Heftes gedrängt; es war, als ob auf einen Augenblick die Sonne durch die Wolken bräche. Wie dankbar waren wir — denn er hatte uns nicht verwöhnt!

Und nun gar im Februar 1864 geschah das Unerhörteste: er trat am Ende der Stunde vom Katheder herunter, stellte sich vor die erste Bank und sagte mit sichtlicher Aufregung: „Bei Eckernförde hat eine preußische Batterie den Rolf Krake vertrieben." Dies dänische Panzerschiff kannte damals jedermann. So erfreulich die Nachricht war — noch mehr wirkte auf uns, daß der zugeknöpfte ältere Herr Empfindungen hatte. Nicht als ob er die Dänen als solche gehaßt hätte — dazu kannte er sie viel zu gut; aber der alte Schleswiger regte sich in ihm, er sah die Zeit der Unabhängigkeit herannahen: er hatte schleswig-holsteinisches Blut.

Später, im Winter 1865/66, habe ich Vorträge von ihm im Königl. Preuß. Statistischen Bureau gehört, wo der Direktor, Dr. E. Engel, sehr zeitgemäß einen Lehrkursus eingerichtet hatte. Hanssens Heft war freilich wiederzuerkennen, aber als Mensch war er wie ausgewechselt: unter Doktoren, Assessoren, künftigen

Docenten, mitten am Tisch — ohne Katheder — fühlte er sich behaglich, war redselig und zugänglich und ging auf alle Streitpunkte des damaligen politischen Konflikts mit Wärme, oft mit schonungsloser Leidenschaft ein. Offenbar war also das studentische Publikum nicht sein Fall, er wollte von reiferen Hörern umgeben sein. Wir thaten ihm innerlich Abbitte: welche reiche und lebhafte Natur! Welch ein selbständiger Geist, welcher genaue Beobachter! Es war nun jedem klar: hier lag die ursprünglichste Begabung vor; eine ganz eigenartige Persönlichkeit, kein Geschöpf des bloßen Fleißes und der Beharrlichkeit. Nicht die Spur vom trockenen Gelehrten bei allem Reichtum des Wissens.

Wenn er Briefe schrieb, so waren sie von ungezwungener Feinheit und Anmut; schrieb er aber Abhandlungen, so waren sie schwer, von einiger Härte, ein cyklopischer Gedankenbau — lauter Blöcke ohne Mörtel.

In einer Tischrede, die er bei seinem Jubiläum hielt, kam auch der feine Humor zu Tage, den er sonst aufs Zwiegespräch versparte. Er erzählte da von seinem Doktorexamen vor 50 Jahren: „Von dem Vielen, was die Herren Examinatoren wußten, wußte ich wenig; und von dem Wenigen, das ich wußte, wußten die Herren Examinatoren — nichts!“ Wie hat die Tafelrunde von etwa 50 Teilnehmern damals über diese Schilderung gelacht, die er mit köstlichem Minenspiel seines faltenreichen Gesichtes begleitete. Das war er selbst, wie er leibte und lebte. Ihn hat es nie bekümmert, ob er alle Bücher gelesen habe oder nicht. Denn wohin er griff — wenn er griff — da hatte er stets etwas Eigenartiges in der Hand.

Sein schlichter Lebenslauf enthält eine Wendung, die nicht jedem sofort verständlich ist: im Jahre 1869, als der Göttinger Lehrstuhl wieder frei wurde, erbat sich Hanssen die Gunst und erlangte sie, von Berlin dorthin zurückzukehren; also von Berlin, wo er wohlbestallt als sechzigjähriger Ordinarius und als Mitglied der Akademie in der preußischen Hauptstadt saß, nach Göttingen, dessen Wall damals noch stand und dessen Ländlichkeit und Bescheidenheit als Wohnort geradezu rührend waren. Warum? Offenbar weil ihm Göttingen besser gefiel; dort waren alte Freunde, dort ging es ruhiger her; der größere Wirkungskreis Berlins war für ihn keine Lockung. Eine Docentennatur war er nicht, er wählte, wie ein stiller Gelehrter wählt, und bereute es nie. Denn er war eben ein stiller Gelehrter, ein Mann, wie sie früher häufiger heranwuchsen als jetzt. Was andere darüber denken mochten, das war ihm einerlei.

Seine Arbeitsweise war ganz anders als die seiner Fachgenossen. Der geistvoll konstruierende Lorenz v. Stein in Wien ist sein Gegenpol, denn Hanssen systematisierte nie und war groß in der Einzelforschung, von der jener nichts wissen wollte. Der Münchener Staatsrat v. Hermann war ein ganz hervorragend dogmatisch angelegter Kopf: Hanssen war es, wie erwähnt, gar nicht. Wilhelm Roscher in Leipzig, mit seiner alles berührenden Belesenheit, schrieb große, vielbändige Werke: „dazu bin ich nie gekommen", pflegte Hanssen zu sagen, und man wußte nicht, ob es nur Bescheidenheit war oder auch ein wenig Schalkheit, wenn er dies so ruhig zugab. Eine gewisse Ähnlichkeit hat er mit H. v. Thünen, nur war dieser ein Autodidakt, und Hanssen war ein Gelehrter; aber beide arbeiteten mit Vorliebe über landwirtschaftliche Betriebssysteme, beide thaten es monographisch, beide standen durchaus auf deutschem Boden, ohne Abhängigkeit vom Auslande.

Hanssens liebstes Forschungsgebiet war die Dorfverfassung und insbesondere die Gemengelage der Äcker auf der Flur. Dazu hatte ihn früh ein Däne, Olufsen, angeregt, dessen Ergebnisse er mitgeteilt und dann weitergeführt hat. Von hier aus wagte er die sonderbare Agrarverfassung der sogenannten „Gehöferschaften" im Regierungsbezirk Trier zu schildern. Es sind dies Bauernschaften an der Saar, die noch inmitten unsres Jahrhunderts periodisch ihre Äcker und sogar ihre Feldgärten neu verteilten, freilich nur im Umkreise der Berechtigten. Für den Landwirt Schwerz war dies nur eine Seltsamkeit gewesen. Hanssen schilderte die ganze Sache aus dem Vollen, so daß man sie begriff und vernünftig fand; daß er diese Verfassung für älter hielt, als sie zu sein scheint, bedeutet nicht viel; die Hauptsache war, daß er den fremdartigen Zustand in seiner Ganzheit faßte und völlig zur Anschauung brachte. Die Abhandlung hierüber wird stets eine Quelle der reichsten Belehrung bilden; wer sie nicht versteht, der hat noch etwas zu lernen; sie ist sozusagen der Prüfstein, ob man die Anfängerschaft hinter sich hat oder nicht.

Ein anderes seiner großen Themata war die Frage nach dem ältesten System des landwirtschaftlichen Betriebs. Man glaubte früher, dieses älteste System sei die Dreifelderwirtschaft — was aber schon Roscher mit Recht bezweifelte. Hanssen zeigte nun den richtigen Weg: es war die wilde Feldgraswirtschaft. Regellos wurde ein Fleck Landes aus der Weide herausgenommen und, solange es ging, mit Getreide bestellt. War das Land erschöpft, so fiel es wieder in die Weide zurück, und anderswo wurde ein neuer „Schlag" für den Getreidebau ausgesondert. Hanssen wußte dies dergestalt aus der Natur der Sache zu begründen, daß er alle die endlose Auslegerei alter Schriftsteller siegreich zur Seite schob. Dieser kühne und glückliche Versuch, aus reiner Sachkenntnis heraus zu sagen: „so muß es gewesen sein", trägt ganz und gar den Stempel seines Geistes.

Endlich hat Hanssen unstreitig das meiste gethan, um die Natur des Rittergutes unsrer Ostsee-Länder zu erschließen. Wie dieser Großbetrieb anwuchs durch „Legen" von Bauerngütern; wie die übrig bleibenden Bauern zu immer steigenden Frondiensten für den Gutsherrn genötigt wurden: das haben wir von ihm gelernt. Und nicht minder dies: die Befreiung der Bauern aus der sogenannten „Leibeigenschaft" konnte nur geschehen unter tiefgreifender Änderung der Wirtschaft. Im östlichen Holstein sind damals die Gutsbetriebe meistens zerschlagen und bäuerlichen Pächtern zugeteilt worden, die nun allerdings frei sein konnten. Dabei haben auch die landwirtschaftlichen Betriebssysteme sich mannigfach verändert, und so hängt diese ganze Neuordnung aufs engste mit den Fragen zusammen, die für

Hanssen im Vordergrund standen: er zeigte stets mit Vorliebe die Bedingungen auf, durch welche die Wandlungen in der Landwirtschaft herbeigeführt werden; natürlich sind hier nur die gesellschaftlichen (nicht die naturwissenschaftlichen) Bedingungen gemeint, die auf die Technik der Landwirtschaft zurückwirken.

Geradezu unbegreiflich war es, wie wenig Hanssen in seinen Vorlesungen das zur Geltung brachte, was er selbst erforscht hatte. Er fühlte sich an die herkömmliche Form des Unterrichts, etwa im Sinne der Rau'schen Werke, innerlich gebunden. So klar und kraftvoll, so reich und so gedrängt er schrieb, so war dies nur ein unbewußter Nebenerfolg seiner scharfen Auffassungsgabe und nicht eigentlich künstlerisches Wollen! sonst wäre der redende Lehrer dem schreibenden Forscher ähnlicher gewesen. Aber es giebt eine unfehlbare Probe auf die Echtheit des Gedankengehaltes: wenn ein Docent viele Wochen lang das vorträgt, was bei Hanssen steht, und wenn dabei die Zuhörer bis auf den letzten Mann zusammenbleiben und mit nie nachlassender Spannung bis in die entlegensten Gebiete folgen: dann weiß man, was die Quelle wert ist, und dieser Beweis wird Jahr für Jahr geführt — nur darf ich leider nicht verraten, an welcher Universität es geschieht.

Dem alten Herrn ist dieser Umstand nicht verborgen geblieben, und er müßte von Stein gewesen sein, wenn er sich nicht darüber gefreut hätte. Er fürchtete einmal, den zweiten Band seiner Abhandlungen nicht mehr fertig herausgeben zu können und bat damals seinen jüngeren Verehrer, im Notfalle für ihn einzutreten. Glücklicherweise ist es nicht nötig gewesen.

Schon um Ostern 1893 war der hochbetagte Forscher schwer bedrückt durch die Leiden des Alters. Er saß in Kissen eingebettet auf dem Sofa, erkundigte sich aber voll Teilnahme nach jüngeren Fachgenossen, sogar nach den allerjüngsten; er klagte nur, daß ihm das Ausgehen schwer falle und daß er längere Schriften nicht recht bewältigen könne. Beim Abschied wollte er aufstehen, aber es ging nicht ohne Hülfe: man mußte ihm beide Hände reichen und so schwang er sich in die Höhe, wurde wieder der Alte als er stand, und konnte nicht genug Glück auf den Weg wünschen. Er schlang zum Abschied die Arme um seinen Besucher und drückte ihn an sich.

Unten auf der Straße war es einem zu Mute, als wäre man schon Zeuge seines friedlichen Hingangs gewesen; auch die friedlichste Trennung erschüttert, und man sucht Trost in dem Gedanken, daß er wenigstens wisse, wie sehr man ihn geliebt habe.

Hanssen stammte aus einer Zeit, in der es auf deutschem Boden noch keine Socialpolitik gab. Die großen Gegensätze der gesellschaftlichen Klassen schlummerten in seiner Jugend noch. Er schrieb zunächst nur die Geschichte der Wirtschaft, aber indem er dies that, ebnete er einer jüngeren Generation den Weg. Seine Schüler, die der zweiten Hälfte des 19. Jahrhunderts entstammen, haben die socialpolitische Seite der Geschichte des Ritterguts hinzugefügt. Der Meister hat sie hierzu nicht aufgefordert und nicht angeleitet; aber ohne ihn, das heißt, ohne seine grundlegenden, gedankenreichen Schriften, wäre das nie unternommen worden. Deshalb nennen wir den Namen unseres Lehrers stets mit Dankbarkeit und Ehrfurcht, denn er ist als Forscher groß gewesen, und vom Forschen allein lebt schließlich doch die Wissenschaft.

# Anmerkungen.

Zu Seite 1. Der Vortrag „Landarbeiter und innere Kolonisation" ist zuerst veröffentlicht in den Schriften des Vereins für Socialpolitik, Bd. LVIII, Leipzig 1893, Seite 6 fgg. — Man vergleiche auch: Dr. H. Grohmann, Betrachtungen über die Wirtschaften der ländlichen Tagelöhner des Deutschen Reichs (Schmollers Jahrbuch, XVI. Jahrgang, Leipzig 1892, Seite 855); und Th. von der Goltz, Die ländliche Arbeiterklasse und der preußische Staat. Jena 1893, 300 Seiten.

Zu Seite 27. Die Abhandlung „Ländliche Verfassung Niederschlesiens" ist zuerst veröffentlicht in Schmollers Jahrbuch, XIX. Jahrgang, Leipzig 1895, Seite 69 fgg. — Vergl. hierzu: Paul Boenisch, Die geschichtliche Entwickelung der ländlichen Verhältnisse in Mittelschlesien. Dissertation. Merseburg 1894; und Dr. Felix Rachfahl, Zur Geschichte der Grundherrschaft in Schlesien (Zeitschrift der Savigny-Stiftung für Rechtsgeschichte Bd. XVI, Germanistische Abteilung, Weimar 1895).

Zu Seite 47. Der Vortrag „Die Bauernbefreiung in Österreich und in Preußen" ist zuerst veröffentlicht in Schmollers Jahrbuch, XVIII. Jahrgang, Leipzig 1894, Seite 409 fgg. — Das darin behandelte Werk von Grünberg hat eine gewisse Ergänzung gefunden durch die Abhandlung von Dr. Theodor Ludwig, Die Umwälzungen in der ländlichen Verfassung Böhmens seit 1618 (Schmollers Jahrbuch, XX. Jahrgang, 1896, Seite 147 fgg.).

Über Grünbergs Werk sind zahlreiche Besprechungen erschienen: eine Voranzeige von G. F. Knapp, Leibeigenschaft in Österreich (Beilage zur Allg. Zeitung vom 23. Juli 1892). Ferner: von Georg Jellinek (Neue Freie Presse Nr. 10714, vom 22. Juni 1894); von Alfred Stern (Nation Nr. 38 vom 23. Juni 1894); von Georg Simmel (Beilage zur Allg. Zeitung vom 14. u. 15. August 1894); von H. Herkner (Archiv für sociale Gesetzgebung und Statistik, Bd. VII, 1894); von Richard Ulbing in der Abhandlung „Gegenreformation und Bauernbefreiung in Böhmen 2c." (Deutsche Worte Bd. XIV, besonders Seite 577 fgg.); von Achille Loria (Giornale degli Economisti 1894. II. Seite 575); von Joseph Redlich

(Zeitschrift für Social- und Wirtschaftsgeschichte Bd. III, 1895, Seite 258); von Dr. G. L. (Wiener Zeitung vom 28. 29. und 30. November 1894); von C. J. Fuchs (Conrads Jahrbücher, Dritte Folge, Bd. IX, 1895); von Max Weber (Historische Zeitschrift, Neue Folge, 1895); von Georges Blondel (Revue historique Nr. 121, Seite 152 fgg.). Eine Besprechung (Zeitschrift für Volkswirtschaft, Socialpolitik und Verwaltung, 1897) unter der Presse; sowie viele andre kleinere Artikel.

Zu Seite 77. Der Vortrag „Die Grundherrschaft in Nordwestdeutschland" ist zuerst gedruckt in der Historischen Zeitschrift, Neue Folge, Bd. XLII (November 1896) Seite 39 fgg. — Der Verfasser des darin besprochenen Werkes, W. Wittich, hat ferner veröffentlicht: Beitrag zum Verständnis der ländlichen Verfassung Hessens im 18. Jahrhundert (Quartalblätter des historischen Vereins für das Großherzogtum Hessen, Heft V von 1892); ferner die Artikel „Hof", „Gutsherrschaft" und „Zusammenlegung" in Conrads Handwörterbuch der Staatswissenschaften. — Über Hannover ist noch zu vergleichen: Robert Allmers, Die Unfreiheit der Friesen zwischen Weser und Jade, Stuttgart 1896 (Münchner volksw. Studien, herausgegeben von L. Brentano und W. Lotz, 19tes Stück); ferner die unten zu nennenden Schriften von Hugenberg, Auhagen und Brentano.

Zu Seite 101. Die in Form eines Vortrags geschriebene Besprechung „Siedelung und Agrarwesen der Germanen nach A. Meitzen" ist zuerst erschienen in der Beilage zur Allg. Zeitung vom 27. Oktober 1896. — Die rationalistische Erklärung der Gemengelage wird am ausführlichsten dargelegt von Hostmann, Altgermanische Landwirtschaft. Dissertation. Göttingen 1855. Über Einzelhöfe vergl. K. Th. von Inama-Sternegg, Hofsystem im Mittelalter 1872; über Grundherrschaft bringt sehr bedeutendes das Werk Inama-Sterneggs, Deutsche Wirtschaftsgeschichte, Bd. I (1879); über die ältesten Zustände Deutschlands vergl. das neue, noch unvollendete, höchst eigenartige Werk: Richard Hildebrand, Recht und Sitte auf den verschiedenen wirtschaftlichen Kulturstufen. Erster Teil. Jena 1896. (Eine Besprechung durch W. Wittich für die Historische Zeitschrift ist unter der Presse). — Dr. Julius Hartmann, Die Besiedelung Württembergs (Württembergische Neujahrsblätter. Elftes Blatt. 1894. Stuttgart 1894).

Zu Seite 123. Der Nachruf auf Nasse ist gedruckt in den Schriften des Vereins für Socialpolitik Bd. XLVII, Leipzig 1890, Seite 8 fgg.

Zu Seite 131. Die Erinnerung an Hermann und Helferich ist erschienen in der Beilage zur Allg. Zeitung vom 18. Januar 1897.

Zu Seite 143. Die Erinnerung an E. Engel ist erschienen in der Beilage zur Allg. Zeitung vom 19. Dezember 1896.

Zu Seite 151: Die Erinnerung an Hanssen ist zuerst abgedruckt in der Beilage zur Allg. Zeitung vom 28. Dezember 1894; der Herausgeber A. Dove hat die gütige Erlaubnis erteilt auch zum Abdruck in den Biographischen Blättern (herausgegeben von A. Bettelheim) Bd. I Heft 1.

---

Aus dem Staatswissenschaftlichen Seminar sind folgende Arbeiten agrarischen Inhalts (abgesehen von denen Grünbergs und Wittichs), die hierher gehören, hervorgegangen:

C. J. Fuchs, Der Untergang des Bauernstandes und das Aufkommen der Gutsherrschaften. Nach archivalischen Quellen aus Neuvorpommern und Rügen. Straßburg 1888 (Abhandlungen aus dem Staatswiss. Seminar zu Straßburg, Heft VI). — Vergl. hierzu die Besprechungen von H. Herkner (Archiv für sociale Gesetzgebung und Statistik Bd. II, 1889); von E. Gothein (Sybels Historische Zeitschrift 1889 und Beilage zur Allg. Zeitung vom 22. Oktober 1892); von A. Manuiloff (Ruskaja Muisl Bd. VI. 1890); von v. Below (Litterarisches Centralblatt 1889); von Bornhak (Preußische Jahrbücher Bd. LXIII); von Lamprecht (Deutsche Litteraturzeitung 1892 Nr. 6) und andere. — Ein Nachtrag von C. J. Fuchs zum oben genannten Werke findet sich in den Baltischen Studien, XLI. Jahrgang, 1891.

A. von Transehe-Roseneck, Gutsherr und Bauer in Livland im 17. und 18. Jahrhundert. Straßburg 1890 (Abhandlungen u. s. w. Heft VII).

A. Hugenberg, Innere Kolonisation im Nordwesten Deutschlands. Straßburg 1891. (Abhandlungen u. s. w. Heft VIII).

Fr. Joh. Haun, Bauer und Gutsherr in Kursachsen. Straßburg 1892 (Abhandlungen u. s. w. Heft IX).

S. Hausmann, Die Grundentlastung in Bayern. Straßburg 1892. (Abhandlungen u. s. w. Heft X).

Th. Ludwig, Der badische Bauer im 18. Jahrhundert. Straßburg 1896. (Abhandlungen u. s. w. Heft XVI).

Ferner sind aus dem Seminar hervorgegangen:

P. Schutiakoff, Die Bauerngesetzgebung unter Friedrich dem Großen. Dissertation. Darmstadt 1895.

O. Auhagen, Zur Kenntnis der Marschwirtschaft. Berlin 1896.

Th. Ludwig über Böhmen (vergl. oben Seite 160 unter Grünberg).

P. Darmstädter, Die Hörigen im französischen Jura und Voltaires Kampf um ihre Freiheit. (Zeitschrift für Social- und Wirtschaftsgeschichte Bd. IV, Weimar 1896). — Von demselben Verfasser wird eine Schrift über Savoyen, die Schweiz und Lothringen demnächst in den Abhandlungen aus dem Staatswiss. Seminar in Straßburg erscheinen.

---

Besprechungen der Schrift G. F. Knapp, Die Landarbeiter in Knechtschaft und Freiheit, Leipzig 1891, sind erschienen: von Godefroy Cavaignac (Revue des deux mondes, November 1892); von N. Kablukow (Archiv für sociale Gesetzgebung und Statistik Bd. V 1892; hierzu die Notiz von G. F. Knapp, a. a. O. Seite 471); von Buchenberger (Zeitschrift für die gesamte Staatswissenschaft, Tübingen 1893, S. 172); von J. K. [Kaizl] (Athenaeum, Jahrgang 1891, Prag, Seite 48); von E. Gothein, Agrargeschichtliche Forschungen der Gegenwart (zugleich über Fuchs, Transehe-Roseneck, Haun, Hugenberg, Hausmann; Beilage zur Allgemeinen Zeitung, 18. 22. 24. Oktober, 11. und 25. November 1892).

Ferner sind folgende Schriften zu nennen:

Godefroy Cavaignac, La formation de la Prusse contemporaine, Paris 1891.

Godefroy Cavaignac, La féodalité en Prusse à la fin du XIX siècle (Revue de Paris 1re Année Nr. 3, 1. mars 1894).

O. Hintze, Preußische Reformbestrebungen vor 1806. (Historische Zeitschrift. Neue Folge. Bd. 40, 1896.)

Fr. Großmann, Über die gutsherrlich-bäuerlichen Rechtsverhältnisse in der Mark Brandenburg vom 16. bis 18. Jahrhundert. Leipzig 1890 (Schmollers Forschungen Bd. IX. Heft 4).

A. Ucke, Die Agrarkrisis in Preußen während der zwanziger Jahre dieses Jahrhunderts. Dissertation. Halle a. S. 1887.

A. Glatzel, Die preußische Agrargesetzgebung. Rückblick und Ausblick. Berlin 1895.

H. Knothe, Über die Auskaufungen von Bauerngütern in der Oberlausitz (Neues Lausitzisches Magazin, Bd. 72; darin auch andere Mitteilungen ähnlicher Art von demselben Verfasser).

R. Stadelmann, Preußens Könige in ihrer Thätigkeit für die Landeskultur. Vierter Teil: Friedrich Wilhelm III. von 1797 bis 1807. Leipzig 1887.

J. K. Ingram, A history of Slavery and serfdom. London 1895 (auch deutsch, von Katscher, unter dem Titel: Geschichte der Sklaverei und der Hörigkeit, 1895); enthält wesentlich einen Überblick der älteren Untersuchungen.

K. Breysig, Die sociale Entwickelung der führenden Völker Europas in der neueren und neuesten Zeit (Schmollers Jahrbuch, Jahrgang XX, 1896; und Jahrgang XXI, 1897).

W. von Polenz, Der Büttnerbauer. Roman. Berlin 1895. Dieser Roman, in der Lausitz handelnd, führt am besten in das Verständnis der Bauernverhältnisse des Ostens ein.

Über den Westen handeln (außer den oben genannten Schriften von Th. Ludwig, P. Darmstädter und W. Wittich):

Theodor Knapp, Über die vier Dörfer der Reichsstadt Heilbronn (Einladungsschrift des Karlsgymnasiums in Heilbronn. Heilbronn 1894; handelt besonders über Leibeigenschaft).

Theodor Knapp, Das ritterschaftliche Dorf Haunsheim in Schwaben (Württembergische Vierteljahrshefte, 1896, Heft 1 und 2).

L. Brentano, Warum herrscht in Altbayern bäuerlicher Grundbesitz? (Beilage zur Allgemeinen Zeitung, 7. 8. und 9. Januar 1896).

11*

Während der Korrektur ist erschienen:

L. Brentano, Justus Möser, der Vater der neuesten preußischen Agrarreform (Beilage zur Allgemeinen Zeitung, 12. und 13. Februar 1897). Diese Abhandlung gehört unter die oben Seite 161 unter Wittich genannten. Wenn J. Möser behauptet, daß den Osnabrückischen Leibeigenen nicht gestattet war, etwas Eigenes zu erwerben, so ist dies fürs 18. Jahrhundert sicher unrichtig.

---

Die vorliegende Schrift soll nur eine Sammlung zerstreuter Vorträge und Abhandlungen sein; sie schließt sich an die Schrift von 1891 „Die Landarbeiter in Knechtschaft und Freiheit“ gleichsam als Fortsetzung an. Der Titel: „Grundherrschaft und Rittergut“ soll nur ungefähr den gemeinsamen Gedankenkreis andeuten. Die biographischen Beilagen sollten ursprünglich nur dem Gedächtnis an Nasse und Hanssen, als bedeutende Agrarhistoriker, dienen; die Zugabe über Hermann, Helferich und Engel rechtfertigt sich wohl durch den Einblick in die Entstehung des Seminarunterrichts, der für die agrarischen Forschungen so wichtig geworden ist.

Straßburg i. E., 11. Februar 1897.

**G. F. Knapp.**

# Inhalt.

MIX
Papier | Fördert
gute Waldnutzung
FSC® C083411

Kolibri 360 GmbH
Ferdinand-Jühlke-Straße 7
99095 Erfurt, Deutschland
produktsicherheit@kolibri360.de

Druck:
CPI Druckdienstleistungen GmbH
im Auftrag der
Kolibri 360 GmbH
Ferdinand-Jühlke-Str. 7
99095 Erfurt